TRAITÉ

SUR LES CLAUSES

DES BAUX A FERME ET A MOITIÉ.

AVIS.

Je déclare que je poursuivrai, suivant toute la rigueur des Loix, tout contrefacteur ou distributeur de cet Ouvrage, dont les exemplaires ne seraient pas signés de moi.

TRAITÉ

SUR LES CLAUSES

DES BAUX A FERME ET A MOITIÉ,

CONTENANT

L'application des Lois en cette partie, la forme des actes notariés et sous seing privé ;

AVEC DES DÉVELOPPEMENS

Sur les principes de l'Agriculture en général, la coupe des bois, la pêche et l'empoissonnement des étangs, les soins, la conservation et le perfectionnement des bestiaux, etc., etc.

Ouvrage utile aux Notaires, Hommes de loi, Propriétaires, Régisseurs et Fermiers ;

Couronné par la Société d'agriculture, sciences, arts et belles-lettres de Tours, dans sa séance du 16 Août 1809.

Par M.ʳ F. H. BÊNARD-DEVAUZE.

A TOURS,

DE L'IMPRIMERIE DE LETOURMY, LIBRAIRE, RUE COLBERT, N.º 2.

1810.

PRÉFACE.

CET Ouvrage, que la Société d'agriculture, sciences, arts et belles-lettres de Tours, a jugé digne de son approbation, n'a été composé que dans la seule vue d'utilité publique. L'auteur, en le faisant imprimer, n'y a mis aucun motif d'intérêt personnel, son intention étant qu'il n'en soit tiré qu'un petit nombre d'exemplaires. Il invite les amis des sciences, qui s'intéressent à leurs progrès, à vouloir bien lui faire parvenir leurs observations, franc de port, en sa demeure à Tours, rue du Grenier-à-sel, N.º 7.

PROGRAMME
DU PRIX

PROPOSÉ PAR LA SOCIÉTÉ D'AGRICULTURE,
SCIENCES, ARTS ET BELLES-LETTRES DE TOURS,

à l'auteur du meilleur mémoire sur les clauses des baux à ferme et à moitié de propriétés rurales que l'on suppose réunir les principaux genres de productions propres au département d'Indre-et-Loire.

Cᴇ projet raisonné devra contenir les clauses les plus avantageuses à l'agriculture, et les plus applicables aux principales natures de sol de ce département.

L'auteur indiquera sur-tout la durée qu'il conviendrait, selon lui, de donner aux baux, l'assolement qu'il jugera le plus convenable à nos différens terrains, et rendra raison de ses motifs.

Il n'omettra pas les moyens nécessaires pour parvenir graduellement à toutes les améliorations dont la plupart des propriétés de ce département sont susceptibles, comme l'abolition progressive des jachères; l'amélioration des prés, leur irrigation; le desséchement des terrains marécageux; la formation et l'entretien des clôtures; le changement successif de celles qui sont moins avantageuses en celles qui le sont plus, eu égard à certaines localités; la formation, l'augmentation, le curage et l'entretien des fossés; le semis, la plantation annuelle des arbres les plus convenables aux différens terrains; l'entretien, l'augmentation et le perfectionnement progressif des diverses espèces de bétail; la consommation des agrats, et les moyens d'en assurer l'augmentation; l'emploi et l'augmentation des engrais, soit fumiers, terriers, limon, marne et autres substances naturelles ou combinées; les moyens nécessaires pour assurer la conservation et l'amélioration des vignes affermées ou données à moitié;

La culture du chanvre en sol convenable, et les moyens de rouissage les moins nuisibles , soit par le *rouissage* ou immersion, dans les lieux où ce procédé est praticable , soit par le *rorage* ou exposition à la rosée , soit par le *bain* de BRALLE ;

La multiplication , la taille et la conservation des mûriers ;

L'établissement, la conservation et la propagation des abeilles, dans les lieux où elles conviennent ;

Le choix et le soin des animaux de basse-cour, et des précautions pour qu''il n'en résulte aucun dommage ;

L'empoissonnement , le soin et la pêche des étangs ;

La conservation , la jouissance et l'aménagement des bois, etc., etc.

Le prix consistera en une médaille d'or, de la valeur de 150 francs.

TRAITÉ
SUR LES CLAUSES
DES BAUX A FERME ET A MOITIÉ.

TITRE I.er

INTRODUCTION.

LA nature des propriétés rurales du département d'Indre-et-Loire, varie d'une extrémité de ses bornes à l'autre : le sol seul en est la cause (1). Ici ce sont des côteaux rians qu'un vignoble excellent enrichit encore ; au pied, sont des terrains alluvions que des digues, des chaussées, une levée garantissent des inondations du fleuve ou des rivières, qui, en étendant leurs eaux, fertilisent les prairies délicieuses qui les bordent ; plus loin est un tertre couronné d'une futaie dont les arbres, majestueusement élancés dans les airs, semblent être les pères des jeunes taillis qui les entourent ; là est une vaste plaine couverte de moissons ; dans le lointain l'on apperçoit des landes stériles qui servent comme d'ombre pour relever l'éclat de ce magnifique tableau.

---

(1) On ne peut douter que le département d'Indre-et-Loire n'ait été un des grands bassins de la mer, puisque par-tout où l'on fait des fouilles on rencontre des coquillages. Le côteau au nord de Tours, où l'on a percé une nouvelle route, récèle en son sein des poulettes, des moules, des cames, des oursins, que les molécules lapidifiques de la terre, les mêmes que celles qui forment les pierres, ont pétrifiés, mais n'ont point encore entièrement décomposés : dans le canton de Château-la-Vallière, il se trouve à la surface de quelques champs plusieurs espèces de coquillages bivalves ; et dans l'arrondissement de Loches les falunières, qui sont des couches de coquilles brisées, sont communes. Il n'est donc point étonnant que les eaux en se retirant et que des mouvemens sous-marins aient jetté et déposé des limons fécondans dans de certains endroits, quand dans d'autres les courans n'ont laissé qu'un pur sable ou des graviers stériles.

Ainsi la nature a tout fait pour ces paisibles contrées, que la douceur du climat et l'excellence de ses fruits ont fait nommer à juste titre *le Jardin de la France*. C'est à la main de l'homme à achever d'embellir des lieux pittoresques, qui seraient et *le Tempé* de la fable et *le Jardin d'Eden*.

Le château de l'opulent peut flatter l'orgueil et séduire un instant. Mais que serait-il sans cette métairie, ce toît rustique où loge en paix l'intéressant cultivateur, qui, par ses travaux agricoles, l'alimente, en fait la force et la richesse ? Rien qu'un amas de pierres, semblable à ces pyramides d'Egypte au milieu du désert.

C'est donc cette humble chaumière qui doit fixer toute notre attention ; ce sont ces hommes robustes, cette famille laborieuse qui l'habitent, et dont les bras vigoureux ne sont que des léviers qu'il faut placer et diriger à propos pour ébranler la masse que l'on veut soulever ; ou, pour mieux dire, opérer des travaux, des plantations de toutes espèces, des défrichemens, des améliorations utiles.

CHAPITRE 1.er

Des Clauses des Baux, les plus avantageuses à l'agriculture, et les plus applicables aux principales natures de sol de ce département.

Comme une métairie ou une ferme se compose assez ordinairement de différentes natures de terrains dont les produits ne se recueillent pas tous les ans ; que d'ailleurs il est utile de donner un tems convenable au cultivateur pour reconnaître l'effet des essais qu'il aura faits, et que l'on doit toujours lui prescrire ; et qu'enfin il doit jouir périodiquement de tous les avantages que peuvent procurer les domaines qu'il exploite, il lui faut un bail qui s'accorde avec la possibilité d'en profiter.

Excepté les prés, les vignes, et les terres de varennes, les soles des autres terres sont de trois ans ; quelques-unes cependant, et ce sont les plus mauvaises, restent en jachères deux à trois ans de suite.

Jusqu'à ce que les prairies artificielles aient pris un accroissement suffisant, qui facilite les moyens de changer la culture des terres, il n'y a pas de doute que le terme des baux de neuf années serait trop court à celui qui aurait fait des essais dont les remboursemens sont incertains (1).

Mais comme par l'article 1743 du code civil on ne peut expulser le fermier sans une clause de réserve, il serait préférable de faire un bail de 9, 12 ou 15 années.

Cependant, si le propriétaire voulait absolument changer la culture de ses terres, au risque même d'avantager un peu plus le colon ; comme, par exemple, si sa ferme était de 30 arpens, qu'il voulût en mettre le tiers en prairies artificielles, et ne faire que deux soles des 20 autres arpens (ce qui serait préférable), il n'y a pas de doute qu'un bail de 12, 16 ou 24 années ne valût mieux ; parce que, dans cette période de tems, les essais auraient, par l'expérience, subi un examen, et le colon obtenu une récompense.

En général les soles des varennes ne peuvent éprouver de changement, puisque le terrain est ensemencé tous les ans.

Mais les terres fortes, les bornais (2), les terres chaudes sont susceptibles des changemens proposés dans le chapitre suivant.

CHAPITRE 2.

DES JACHÈRES (3).

LA consommation des sels végétatifs est la seule cause des jachères : il ne s'agit que de renouveler ces sels, en observant cependant de varier les productions, sur-tout de ménager celle des blés, qui épuise plus que toutes les autres.

---

(1) Dans l'intérieur des terres il serait difficile de changer les assolemens autrement qu'avec le secours des prairies artificielles : la raison en est que le débouché prompt des denrées donnant de l'émulation à l'industrie agricole, il n'y a guère que les cantons populeux qui avoisinent les grandes villes et les forts marchés, qui puissent essayer et profiter de la culture de productions nouvelles.

(2) *Bornais* est un terme du pays : la terre - bornais, qui est d'essence argileuse, est nommée par les naturalistes *alumine*, d'où l'on tire l'alun.

(3) On s'appercevra aisément que la plupart des moyens d'amélioration proposés ne sont pas nouveaux. Tout ce que la culture ancienne a offert d'avantageux, a été recueilli avec soin par l'auteur ; il y a ajouté des idées neuves, qui doivent être appréciées suivant leur mérite.

Les prairies artificielles sont incontestablement la base du renouvellement des sels végétatifs, en ce que 1.º la plante qui y est semée en consomme peu, et qu'avec sa destruction elle laisse de nombreuses racines qui amendent le terrain par leur décomposition.

2.º Les bestiaux de la métairie, au moyen de ces prairies, sont nécessairement en plus grande quantité, et par conséquent donnent davantage d'engrais.

3.º Si un fermier avait précédemment 30 arpens par tiers et 100 têtes de bétail, à présent qu'il a 10 arpens en prairies artificielles, il lui reste 20 arpens divisés en deux soles, ce qui lui donne le même nombre d'arpens à ensemencer en blé chaque année; mais il a 200 têtes de bétail au lieu de 100, ce qui lui donne nécessairement le double de profit et davantage de fumier. Observez que l'année suivante il aura deux ou trois arpens de terre à convertir en nouvelles prairies artificielles, en remplacement de pareille quantité d'anciennes, alors bonnes à défrîcher; défrîchement qu'il ensemencera de suite en avoine, puis en blé, sans recourir aux engrais; ce qui augmentera d'autant la portion d'amendement des autres terres.

Il pourra donc plus facilement se livrer à des essais et varier ses productions au moyen de cette surabondance d'engrais.

Par exemple : je suppose un terrain de médiocre qualité, qui ne pourrait être ensemencé en blé que tous les 3 ans, et que je ne veux plus laisser en jachère; je pourrai, par une surabondance d'engrais, combiner les productions comme il suit :

1.re année.	froment.	4.e année.	méteil.	7.e année.	froment.
2.e	avoine.	5.e	orge.	8.e	avoine.
3.e	vesce.	6.e	pommes de terre.	9.e	rabes, raves, navets ou turneps.

De cette manière j'aurai toujours des produits, et mes bestiaux des fourrages : à la vérité la 4.e année sera en méteil, parce que je veux que la consommation des sels végétatifs soit moindre; mais aussi les 3.e, 6.e et 9.e années me donneront un équivalent, puisque j'aurai de quoi nourrir un plus grand nombre de moutons, de vaches et de cochons,

qui me donneront des profits plus considérables que ne ferait la diffé-
rence de quelques boisseaux de froment, comparativement avec le prix
inférieur du méteil. Ajoutez à cela les plantes fourragères qui suivront
ou immédiatement ou quelques années après.

Mais vouloir que le colon opère de suite un tel changement de culture, cela est impossible; car de tous les hommes il n'y en a pas de plus
routinier que le cultivateur, et à qui le changement déplaise le plus : il
affectera même d'opérer mal ce qu'on lui aura dit de faire, quand il est
contrarié. Il faut donc l'y accoutumer peu-à-peu, à pas lents comme sa
démarche, en lui prescrivant d'abord l'ensemencement d'une petite partie
de terrain en plantes, dont on doit encore lui montrer l'usage et l'utilité,
et lui faire sentir les profits qu'il retirera de ses bestiaux.

D'ailleurs, généralement parlant, les cultivateurs de ce département
ne sont pas assez riches pour faire l'avance d'une grande quantité de bestiaux : c'est donc au propriétaire à aider son colon.

CHAPITRE 3.

DES PRÉS.

LA première cause de la dégénération des prés est le pacage des oies
et des moutons.

La deuxième, est celle des taupes, qui font des fouilles et élèvent de
petits monticules.

La troisième, est la mousse qui s'étend sur la surface de l'herbe, et
l'empêche de croître.

La quatrième, est *l'Epervière-piloselle*, plante vivace, vulgairement
connue sous le nom *d'Oreille-de-souris*, qui croît dans les lieux dont le
fond est sablonneux et crayeux; elle détruit toutes les plantes qui l'envi-
ronnent, et s'empare bientôt de tout le terrain (1).

---

(1) *HIERACIUM PILOSELLA*. — *Caractère générique* : Calice commun, ovale, embriqué d'écailles linéaires,
droites, inégales et disposées sur plusieurs rangs; demi-fleuron linéaire, tronqué et à cinq dents.
Caractère spécifique : Rejets couchés, feuillés, rampans, cylindriques, velus, prenant racine latéralement;

Pour parer à ces inconvéniens, il est des moyens qu'il faut employer :

1.º Les moutons et les oies arrachant l'herbe lorsqu'ils paissent par un tems humide, sur-tout celle des graines nouvellement levées, il faut alors éviter de les mener dans les prés.

2.º Les taupinières doivent être applanies chaque année, et sur la terre remuée on doit y semer de la bonne graine.

3.º On doit épandre de la suie ou des cendres dans les endroits où la mousse paraît : le mâchefer broyé est également bon, principalement pour détruire les joncs qui croissent dans les endroits où les eaux sourdent.

4.º Il faut labourer tout le terrain où croît l'Epervière-piloselle, si l'on veut la détruire.

5.º Les prés hauts étant susceptibles de dégénérer, il faut les labourer lorsqu'ils donnent peu d'herbe, les ensemencer en plantes céréales, et ensuite les rétablir dans leur premier état par le moyen d'un semis de bonne graine de foin.

L'IRRIGATION est de trois sortes :

L'une naturelle, comme le débordement annuel des rivières;

L'autre provient de main d'homme.

La 1.re n'exige aucune précaution, puisque la submersion est forcée.

La 2.e consiste dans le droit de détourner l'eau des ruisseaux que l'on peut retenir par le moyen d'écluses, chaussées et bondes que l'on ouvre et ferme à volonté; ce que tout le monde ne peut se permettre de faire.

La 3.e demande des soins, des travaux et des dépenses qu'il n'est pas toujours possible de faire, parce que cela dépend du plus ou du moins de sécheresse dans la saison.

Par exemple : pour un pré qui se trouve au bas d'un côteau ou d'un champ, il est facile d'utiliser, sans beaucoup de dépenses, les eaux pluviales, en les faisant découler dans des rigoles pratiquées sur le terrain le plus élevé, et qui iraient aboutir à l'endroit du pré que l'on voudrait arroser.

---

hampe haute de 4 à 6 pouces, droite, grêle, nue, blanchâtre ou verdâtre, un peu velue, uniflore; feuilles ovales, oblongues, entières, retrécies vers leur base, velues en dessous, vertes en dessus; fleur terminale jaune, à calice chargé de poils, les uns blancs et les autres noirâtres.

Mais s'il s'agit d'une fontaine, il faut d'autres précautions; les eaux en sont froides et rarement fécondantes : car remarquez que la chaleur seule est le véhicule de la végétation. Il faut donc que par des fossés sinueux je ralentisse le cours de ces eaux, pour leur donner le tems de recevoir l'impression de l'air, la chaleur vivifiante du soleil, pour ensuite les lâcher dans mon pré par de petits débouchés ou bondes faites exprès.

En général, les fossés des prés hauts doivent être peu profonds, parce qu'ils altèrent le sol.

CHAPITRE 4.

DES MARAIS.

LES marais sont de différente nature :

Les uns ne sont qu'un composé d'eaux qui sourdent;

D'autres sont le réceptacle des eaux de fontaines;

Et les autres où découlent des matières ferrugineuses, des eaux corrompues, etc., répandent dans l'air des miasmes préjudiciables à la santé (1).

On peut parvenir à leur DESSÈCHEMENT, 1.º en faisant des fossés de distance en distance, et jettant la terre de chaque côté;

2.º En continuant l'écoulement des eaux par le moyen de fossés sur les terrains qui avoisinent le marais ;

3.º En faisant à quelque distance des fosses à poisson, des abreuvoirs, des rutoirs, etc., qui reçoivent les eaux.

Pour UTILISER ces terrains, il faut y planter, par alignement, des aunes, et différentes espèces de saules, comme marsaules, osiers; etc., et relever en talus la vase et la mettre au pied de ces arbres.

---

(1) Ces marais contiennent du gaz hydrogène carburé, qui venant à se dégager par l'agitation du fond, s'élève à la surface de l'eau, bouillonne, et est la cause de leur fétidité : il est l'origine des feux follets, dont les effets sur terre peuvent être comparés à ceux des météores dans la voûte éthérée.

CHAPITRE 5.

DES CLÔTURES.

LES clôtures sont d'une utilité indispensable pour préserver les productions contre les intentions des malfaiteurs, et garantir des dégâts de bestiaux.

Par leur moyen, on peut laisser pacager des bestiaux sans le secours ni la garde de personne.

Cependant elles enlèvent du terrain à la culture ; mais on peut en retirer des produits : 1.º Dans les épines qui servent à chauffer le four;

2.º Dans les arbres qui y croissent, comme ormeaux, frênes, etc., dont on cueille les feuilles que l'on fait sécher, et qui servent l'hiver à faire des augées pour la nourriture de tous les bestiaux et principalement des cochons ;

3.º Dans les ramées que l'on coupe périodiquement;

4.º Dans le tronc qui donne, ou une pièce propre à faire un écrou de pressoir, une pièce de charpente, du bois de charronnage, ou enfin du bois à l'usage de la cuisine;

5.º Dans le gland des chênes;

6.º Dans les fruits agrestes ou entés.

Pour PLANTER LES CLÔTURES il faut avoir soin, 1.º de choisir dans les frîches, les landes, les bois, etc., de bon plant d'aubépine enraciné, que l'on plantera au plus tard dans le mois de mars;

2.º De l'entourer, du côté des chemins, d'épines séches, qui le préservent du brout des bestiaux ;

3.º De le tailler pendant plusieurs années, afin de lui donner de la force au pied.

LEUR ENTRETIEN consiste, 1.º à les couper au plus tard tous les 3 ans, à hauteur de bouchure, qui doit être de 2 à 3 pieds;

2.º A laisser croître tous les arbres qui s'y trouvent complantés, afin d'en former des truisses ou des arbres à fruit (1).

---

(1) *Truisse* est un terme du pays. C'est un arbre que l'on émonde périodiquement.

LEUR CHANGEMENT successif peut se faire, 1.º par des fossés ouverts au lieu même, si l'on veut y suppléer par là simplement;

2.º Par l'arrachis de quelques pieds que l'on remplacera avec le sureau, ou par le provignement des plants voisins;

3.º Par des palis de perches, pals ou paux, et perches entrelacés de viormes, osiers, etc., ainsi que le prescrit l'art. 6, sect. 4, tit. 1.er du code rural.

DEUX CAUSES peuvent déterminer ce changement : la 1.re, le tort que fait une haie d'aubépine aux plants et productions voisins;

La 2.e, l'utilité d'un fossé pour retirer les eaux d'un terrain argileux.

A l'égard des murs, ils se font avec des pierres, ou de la terre simplement corroyée avec les pieds et battue de massues; on la coupe ensuite par morceaux en forme de doubles briques, que l'on fait sécher au soleil, pour l'employer comme des pierres; ou enfin avec de la terre mêlée de paille.

CHAPITRE 6.

DES FOSSÉS.

LEUR FORMATION consiste à les faire de 4 pieds de large au moins à l'ouverture, et de 2 pieds de profondeur, pour que l'héritage soit réputé clos, conformément à l'art. 6, section 4, titre 1.er du code rural.

LEUR AUGMENTATION peut être imposée au fermier, par deux raisons : la 1.re est que si les terrains avoisinent les chemins, ces fossés empêchent les dégâts de bestiaux;

La 2.e est que si c'est un jardin ou une vigne, le fossé peut tenir lieu d'une haie qui nuit aux plants;

La 3.e est que si l'on veut planter une haie du côté de l'héritage, il en empêche le brout et l'approche, et que s'il est en dedans il garantit du progrès des racines;

La 4.e est qu'il retire les eaux des terrains planes et froids;

La 5.e est qu'il donne des terriers ou limons qui servent aux jardins, vignes, etc.

LE CURAGE donne des terriers qui servent 1.º à combler quelques parties basses de terrain que les eaux submergent une partie de l'année, et où le fermier les transporte l'hiver ;

2.º Aux jardins, chénevières, vignes, provins, plantation d'arbres, etc.

CHAPITRE 7.

Du semis et de la plantation des arbres.

POUR l'entretien annuel des vergers, ou plantations nouvelles, on doit avoir un coin de jardin destiné aux semis ou boutures.

Le SEMIS se fait ainsi : après avoir au printems préparé un terrain, on y jette des pepins, noix ou noyaux, sur lesquels on passe ensuite le rateau ; on les sarcle et béchette légèrement ;

Les BOUTURES se font de coignassier, qui est le sujet le plus ordinaire des greffes et écussons : pour cela on butte les pieds et rejettons, ou bien l'on plante de jeunes branches de 12 à 18 pouces.

Les SAUVAGEONS ou ÉGRASSEAUX se trouvent dans les bois, pâtureaux, landes, etc.

Leur meilleure plantation se fait au mois de novembre, ou au plus tard au commencement de mars. On doit avoir soin d'étendre les racines dans la fosse, qui doit être au moins de 4 pieds en carré, et de 3 de profondeur, et de couper un peu l'extrémité des branches.

Les TERRAINS qui sont propres aux différentes espèces d'arbres champêtres, sont ceux ci-après :

Terres fortes, les plaines et autres lieux. --- Pommier, poirier, noyer, mûrier, chêne, orme, frêne, hêtre, alizier.

Terres légères. --- Cerisier, mérisier, prunier, nefflier, sapin.

Terres pierreuses. --- Amandier, charme, if.

Terres humides. --- Cormier, aune, saule, osier, peuplier, châtaignier. Ce dernier se plaît encore sur le penchant des montagnes dont le fond de terre est d'essence glaiseuse.

Le Micocoulier-austral ne doit point être oublié. Cet arbre originaire des Pyrenées et des Alpes, croît dans toutes sortes de terrains, excepté le bornais, ou terre franche (alumine). Il se plaît principalement sur les côteaux qui sont froids et exposés au nord : il a la figure de l'ormeau, et croît à la hauteur de 40 à 50 pieds : il donne un fruit noirâtre qui ressemble, par la forme, à celui de l'aubépine : son bois, extrêmement liant, n'est attaqué par aucun insecte; il sert aux ébénistes et aux menuisiers pour fabriquer des meubles, aux charrons pour faire des brancards, aux tonnelliers pour faire des cercles de cuves et de tonneaux, dont la durée est décuple de ceux de châtaignier, à faire des manches de fouet qui se plient comme l'osier, etc. Sa culture, quoique négligée dans le département d'Indre-et-Loire, y est cependant connue. On peut en former des plants qui se coupent comme les taillis (1).

CHAPITRE 8.

DES BESTIAUX.

L'ENTRETIEN ET L'AUGMENTATION des bestiaux a lieu par les élèves de chaque espèce que l'on doit faire tous les ans, du produit des mères.

Pour cela, il faut avoir des soins particuliers, qui consistent principalement :

1.º A tenir les étables, écuries, bergeries et toîts-à-porc dans un grand état de propreté et fournis de litières fraîches ;

2.º A leur donner une bonne et abondante nourriture, et avoir attention, lors du changement des saisons, à ne les pas faire passer tout d'un coup de la nourriture verte à la sèche, et de la sèche à la verte;

3.º A faire boire les bœufs, vaches et moutons dans l'eau froide, nette et claire; les chevaux et mulets dans l'eau trouble ;

---

(1) CELTIS AUSTRALIS. — *Caractère générique :* Calice à cinq divisions, cinq étamines; anthères presque sessiles; ovaire ovoïde; style et stigmates deux; drupe globuleux monosperme.

Caractère spécifique : Arbre. Feuilles traversées inégalement dans leur longueur par la côte moyenne ou nervure principale, rudes au toucher; fleur axillaire, solitaire ou disposée en grappe, quelques-unes simplement mâles, avec un calice à six divisions.

4.º A leur visiter tous les jours les pieds pour en ôter les pierres, les épines, etc., qui auraient pu y entrer ;

5.º A leur essuyer les jambes avec des bouchons de paille, lorsqu'ils sont en sueur;

6.º A les étriller;

7.º A empêcher que les volailles ne fréquentent les écuries, parce que les plumes qu'elles y laissent se mêlent avec les alimens et s'arrêtent dans la gorge des bestiaux : on doit aussi en défendre l'entrée aux cochons, leur fiente étant pestilentielle.

Le PERFECTIONNEMENT consiste à propager les bonnes races, et à vendre tous les bestiaux qui paraissent peu forts et maladifs : on devrait sur-tout multiplier les vaches suisses, qui donnent beaucoup plus de lait que les nôtres, quand le pacage est abondant.

Les MOUTONS sont un objet important. Les races d'Espagne doivent fixer l'attention; car outre que les moutons sont plus gros, ils ont encore beaucoup plus de laine et de meilleure qualité, ce qui fait qu'elle se vend plus cher que celle des moutons ordinaires.

Mais il faut de la prudence dans la gestation; car l'expérience a prouvé que si la femelle des moutons ordinaires est saillie par un mérinos, elle court risque de périr dans l'accouchement, parce que son bassin est trop petit en raison de l'espèce nouvelle : il est donc prudent de faire d'abord accoupler de fortes et grandes femelles, comme celles du Berri, avec des métis, et ensuite les métis avec des mérinos.

Plantes nuisibles aux bestiaux.

1.º *La Belladone*, se trouve dans les fossés ombragés, sur le bord des bois et le long des haies. Ses baies, de couleur noire et luisante, sont un violent narcotique qui cause le délire, l'assoupissement et la mort. Les bestiaux broutent rarement cette plante : l'on doit plutôt craindre que les enfans ne soient tentés de manger son fruit. Le remède aux affreux ravages de ce poison, est le vomissement et d'amples boissons de vinaigre, de suc de limon ou d'eau miellée (1).

____

(1) *ATROPA BELLADONA.* — *Caractère générique :* Calice d'une seule pièce, persistant à demi-divisé en

(19)

2.º *La Colchique d'automne*, vulgairement connue sous le nom de *tue-chien*, ou *chenarde*, se trouve dans les prés. Pour détruire cette plante, il suffit d'arracher les tiges, lorsqu'elles paraissent au mois de mai (1).

En 1774, il régna dans les environs de Paris une maladie sur les bêtes à cornes, que l'on attribua à cette plante. Les symptômes principaux étaient une toux sèche, accompagnée d'une fièvre inflammatoire et putride.

3.º *La Gratiole officinale*, vulgairement connue sous le nom d'*herbe au pauvre homme*, se trouve sur le bord des ruisseaux et dans les prés, aux endroits où l'eau a séjourné : elle est très-émétique, et fait maigrir les bestiaux qui en mangent (2).

4.º *L'Œnanthe fistuleuse*, vulgairement nommée *persil-de-marais*,

---

cinq découpures pointues; corole ménopétale campanulée; tube fort court; limbe ovale, un peu ventru, plus long que le calice, à cinq lobes presque égaux; cinq étamines moins longues que la corole; filamens insérés à sa base, distans ou divergens dans leur partie supérieure; anthères un peu épaisses et montantes; ovaire supérieur, ovoïde; style aussi long que les étamines, un peu incliné; stigmate en tête; baie presque ronde, noirâtre et luisante dans sa maturité, de la grosseur d'un gros grain de raisin, entourée à sa base par le calice, divisée en deux loges polyspermes; suc douçâtre.

Caractère spécifique : Racine épaisse, longue, rameuse et blanchâtre; feuilles ovales, pointues, très-entières, pétiolées, vertes, molles, pubescentes et alternes ou géminées sans véritable opposition; pedunculés axillaires, courts, solitaires et portant chacun une fleur d'un rouge brun ou d'un pourpre obscur et ferrugineux; tige haute de trois pieds.

(1) *Colchicum* — *Caractère générique* : Corole monopétale, tubuleuse, fort longue, naissant immédiatement de la racine; limbe campanulé, divisé profondément en six découpures elliptiques, oblongues; six étamines moins longues que la corole; filamens insérés dans le tube; anthères oblongues et vacillantes; ovaire supérieur, situé au fond du tube, sur la racine même; trois styles filiformes, plus longs que les étamines; stigmates légèrement courbés en crochet; fruit de trois capsules polyspermes, réunies ou cohérentes dans leur partie inférieure, légèrement séparées vers leur sommet, qui est pointu, et s'ouvrant longitudinalement en leur face interne; semences presque rondes et ridées.

Caractère spécifique : Fleurs lilas-clair, sortant de terre, ressemblant à des tulipes, et paraissant long-tems avant les feuilles, sur la fin de l'été.

(2) *Gratiola officinalis*. — *Caractère générique* : Calice de sept folioles, oblongues, inégales, dont deux plus extérieures; corole monopétale, campanulée, un peu tubuleuse, irrégulière; deux étamines fertiles et deux stériles; style en alène; stigmate à deux lames; fruit, capsule pointue, biloculaire, bivalve, polysperme.

Caractère spécifique : Tige droite, haute d'un pied ou plus, cylindrique, glabre et feuillée dans toute sa longueur; feuilles opposées, sessiles, ovales, lanceolées, dentées vers leur sommet, lisses, glabres, à trois nervures longitudinales; fleurs axillaires, solitaires, pédunculées, et d'un blanc jaunâtre, et quelquefois d'une teinte purpurine en leur limbe, ressemblant à un petit dé à coudre; corole longue de sept à huit lignes, barbue intérieurement.

se trouve dans les marais et les prés marécageux. Elle est vénéneuse ; sa fleur ressemble à celle de la carotte (1).

5.º *L'Œnanthe safranée*, se trouve dans les endroits les plus marécageux. Elle est une des plus vénéneuses de la France. Le suc qui en découle, ressemble d'abord à du lait, et prend ensuite une couleur de safran. Si on en avale, tout ce que ce jus touche, se crispe, et immédiatement après survient une inflammation, à laquelle succède une terrible gangrène ; et ce qui est pis encore, on ne connaît aucun antidote contre ce poison : c'est pourquoi on doit avoir grand soin de reconnaître cette plante. Ses qualités pernicieuses ont fait penser qu'elle pourrait bien être la *ciguë* des anciens, avec laquelle on a empoisonné Socrate. On se sert de la racine de cette plante pour faire mourir les taupes (2).

6.º *La Renoncule scélérate*, se trouve dans les marais et fossés ; elle est très-caustique et pernicieuse pour les animaux qui en mangent (3).

7.º *La Renoncule flammète*, vulgairement appelée *grande douve*,

---

(1) OEN*ANTHE FISTULOSA*. — *Caractère générique* : Calice à cinq dents subulées et persistantes ; cinq pétales inégaux : dans le disque, où les fleurs sont hermaphrodites, les pétales sont réfléchies et en cœur ; à la circonférence, où les ovaires avortent, les pétales sont très-grands, inégaux, rabattus, et divisés en deux ; cinq étamines simples à filamens terminés par des anthères arrondies ; l'ovaire inférieur a deux styles subulés, persistans, avec des stigmates obtus ; fruit ovale, oblong, strié, couronné par le calice et les pistiles ; deux semences ovales, convexes et striées d'un côté, planes de l'autre.

Caractère spécifique : Racine fibreuse, traçante ; tige grosse, cylindrique, lisse, striée, haute d'un à deux pieds, presque nue, rameuse ; feuilles longues, deux fois ailées, à découpures, petites et aiguës ; les supérieures sont simples et linéaires ; péduncules longs et fistuleux, fleurs d'un blanc jaunâtre.

(2) OEN*ANTHE CROCATA*. — *Caractère générique* : Il est le même que celui de l'*Œnanthe fistulosa*, précédemment décrit.

Caractère spécifique : Racine en tubercules alongées, charnues, cylindriques, réunies ensemble en bottes de navets : il sort des tiges creuses et cannelées, d'un verd-roussâtre, rameuses, hautes de trois à cinq pieds, qui donnent un suc jaunâtre et fluide quand on les rompt ; feuilles grandes, lisses, glabres, deux fois ailées, à folioles élargies, incisées et à découpures obtuses ; péduncules anguleux, striés.

(3) RANUNC*ULUS SCELERATUS*. — *Caractère générique* : Calice à cinq folioles inférieures, ovales, concaves, colorées et caduques ; cinq pétales obtus, luisans, onglets, munis à leur base d'une fossette glanduleuse, ou d'une petite membrane courte ; étamines nombreuses : filamens plus courts que la corole ; anthères droites, oblongues, obtuses, à deux loges ; ovaires nombreux, agrégés, sans styles ; stigmates réfléchis et petits ; capsules nombreuses, monospermes, de forme très-irrégulière, glabres, ou hérissées de pointes.

Caractère spécifique : Tige épaisse, lisse, feuillée et très-rameuse ; feuilles radicales pétiolées, arrondies, demi-trilobées, incisées et crenelées ; celles de la tige sont à découpures plus profondes ; fleurs jaunes.

se trouve dans les prés où l'eau a séjourné ; elle est très-caustique , et fait périr les moutons : elle est commune daus les environs de Tours (1).

8.º *La Renoncule langue*, vulgairement nommée *petite douve*, se trouve sur le bord des eaux et dans les prés aquatiques ; elle est caustique, et fait aussi périr les moutons : on la trouve en abondance aux environs de Tours (2).

CHAPITRE 9.

DES AGRATS (3).

LES engrais sont à la terre, ce que la bonne nourriture est aux bestiaux ; ils l'alimentent, lui procurent de nouveaux sels végétatifs, et la préparent à soutenir la succion des plantes que son sein va nourrir.

Les fermes éloignées des grandes villes n'ont de ressource pour l'amendement des terres, que celle des agrats.

Leur CONSOMMATION consiste et se fait, 1.º par le grand nombre de bestiaux , principalement de moutons, dont la fiente est grasse et chaude ;

2.º Par l'usage fréquent des litières, sur-tout en chaume.

L'AUGMENTATION des agrats a lieu, 1.º par la culture de diverses productions ;

2.º Par le ramassage de joncs, glaïeuls, bruyères noires, etc.

---

(1) *RANUNCULUS FLAMMULA.* — *Caractère générique :* Il est le même que celui de la *Ranunculus scele-ratus* , précédemment décrit.

Caractère spécifique : Feuilles glabres , ovales , lancéolées , un peu dentées en leurs bords.

(2) *RANUNCULUS LINGUA.* — *Caractère générique :* Il est le même que celui de la *Ranunculus-sceleratus* et de la *Ranunculus-flammula.*

Caractère spécifique : Feuilles très-longues , pointues , légèrement velues , un peu dentées , et embrassant la tige par une espèce de gaîne ; fleurs grandes, terminales. pédunculées , d'un beau jaune ; pétales luisans , et le calice un peu velu.

(3) *Agrats*, est un terme du pays , qui signifie les chaumes et pailles provenus des différentes natures de productions. L'auteur n'a employé ce terme que parce qu'il est dans le programme.

CHAPITRE 10.

DES ENGRAIS.

L'AUGMENTATION s'en fait, 1.º par leur mélange avec de la marne, ou de la marne seule;

2.º Par l'extraction du falun;

3.º Par la décomposition des racines et gazons de bruyères que l'on enfouit par tas, au lieu de les faire brûler;

4.º Par le soin de bien nétoyer les étables, écuries, bergeries, toîts-à-porc, basses-cours et issues;

5.º Par l'attention d'enlever chaque année la terre des places des écuries, etc., et d'y substituer de la marne ou des terres que les urines et la fiente des bestiaux amélioreront ensuite;

6.º Par la précaution de curer de même la fosse à fumier, et d'y mettre de la marne ou des terres en remplacement, que l'on enlève l'année suivante;

7.º Par l'achat de poudrette, ou matière fécale rendue friable, dont le transport se fait aisément.

L'EMPLOI des engrais doit être fait suivant la nature des terrains : 1.º les terres froides supportent la marne, le falun, les fumiers de mouton ;

2.º Celles compactes, comme les bornais profonds à couches franches et végétales, les terres fortes qui tiennent à l'essence des pierres calcaires, sont propres au mélange et à la combinaison des fumiers avec les engrais fossiles;

3.º Celles sablonneuses et pierreuses demandent des fumiers froids, comme ceux des bœufs et vaches, des terriers de fossés, limons des eaux, etc.

CHAPITRE 11.

DES VIGNES.

LA variété du sol de ce département a fait planter tant de différentes espèces de raisins, que les vins blancs et rouges n'ont souvent aucun rapport de qualité entr'eux, encore que la distance des plantations soit à peine sensible. Il serait par conséquent difficile de donner en détail la culture des différentes sortes de vignes. D'ailleurs il ne s'agit ici que de préceptes généraux.

Je ne conseillerais pourtant à personne de donner des vignes à ferme, parce que le défaut de provins, la négligence des labours, et principalement la mauvaise taille, les auront bientôt détériorées.

Mais comme il s'en trouve assez souvent dans les domaines d'une ferme ou métairie, il s'agit de prescrire les moyens de conservation et d'amélioration.

La CONSERVATION consiste 1.º à les tailler convenablement, suivant l'usage du lieu, sans pouvoir les surcharger de poussiers, ergots ni verges;

2.º A faire tous les provins nécessaires, et à les bien fumer et terrasser;

3.º A faire au moins trois façons de bêche.

L'AMÉLIORATION se fait, 1.º par l'arrachis annuel de quelques parties de vignes anciennes et mauvaises;

2.º Par la replantation d'une pareille quantité;

3.º Par le terrassage de celles qui ont souffert des intempéries des saisons, et qui poussent peu ;

4.º. Par le curement des fossés, afin de faire écouler les eaux toujours nuisibles à cette plante, qui aime le terrain sec ;

5.º Par la plantation de haies et constructions de murs, qui la garantissent des bestiaux et des malfaiteurs.

CHAPITRE 12.

DU CHANVRE (Cannabis).

Il y a deux espèces de chanvre, le gros et le petit.

Le gros ne sert guère qu'à faire de la tille, dont se servent les rubanniers et marchands de poupées; sa culture, d'ailleurs peu profitable, n'est pas connue dans ce département.

Le petit chanvre est celui dont il va être question.

Il est très-productif et le débouché certain : sa graine, quand elle est belle et nourrie, se vend bien. Le chanvre est le trésor de nos bonnes ménagères, qui emploient l'hiver leur monde à filer, et font faire des pièces de toile qu'elles destinent d'avance à monter le ménage de leurs enfans.

Le SOL le plus convenable est 1.º un terrain fertile, gras et bien exposé;

2.º Les couches de terres franches et végétales, formées par alluvions, sont préférables;

3.º Les terres proches des ruisseaux, rivières, mares, etc., ont l'avantage, à cause de l'arrosement qu'il faut donner au chanvre dans les années de sécheresse.

Sa CULTURE demande des soins : 1.º Le champ doit recevoir au moins 3 labours, dont le dernier à la pelle-bêche; savoir, un avant l'hiver, pour que la gelée, les brouillards, la neige et les pluies mûrissent le guéret, l'engraissent et le rendent plus doux; le second doit être fait après l'hiver, et le troisième quelque tems avant de semer. Cependant on doit préférer les labours à bras, dont le premier serait fait par petits tas, buttes ou mottes.

2.º La terre doit être hersée ou ratelée, afin que toutes les mottes soient bien écrasées.

3.º Elle doit être bien amendée de bon fumier chaud, de fiente de pigeon et de vollailles.

On le SÈME 1.º depuis la fin d'avril jusqu'à la mi-juin.

2.º Il faut, si cela est possible, faire la semaille après qu'il a un peu plu, et que l'on soupçonne qu'il pleuvra encore un peu, car les ondées sapent la terre, la mastiquent et emprisonnent le chenevis : de même la sécheresse empêche la germination, si l'on n'a soin d'arroser légèrement le champ.

3.º En semant, on doit avoir attention à ce que le chenevis ne soit ni trop dru ni clair-semé.

4.º On le couvre avec le rateau.

5.º On le garde jusqu'à ce qu'il soit levé, à cause des corneilles, des pigeons, etc., qui mangeraient la graine; ou bien l'on y met des épouvantails.

La CUEILLETTE se fait à deux fois : 1.º Le chanvre mâle (que les paysans appellent mal-à-propos femelle, puisqu'il ne porte que des étamines et ne donne aucune graine) meurt aussitôt que la fécondation est terminée, et se cueille en juillet;

2.º La femelle s'arrache en août, et de suite on détache la graine.

Le ROUISSAGE se fait 1.º par immersion dans l'eau de mare, dans celle de fontaine et dans celle de rivière; 2.º par l'exposition à la rosée; 3.º par le bain de bralle.

Chacune de ces manières a ses avantages et ses inconvéniens.

L'eau de mare donne une teinte noire au chanvre, dont la corruption fait d'ailleurs mourir le poisson.

Celle de fontaine étant trop froide, la corruption de la tige se fait lentement, ce qui rend le chanvre cassant.

L'eau de rivière est préférable; mais il faut avoir attention à la détourner par des saignées ou rigoles, afin que le soleil l'échauffe plus promptement, et qu'elle ne communique point sa corruption à celle courante, ce qui ferait mourir le poisson.

Le rorage l'emporterait, s'il se faisait la même année; mais il faudrait attendre au mois de mai suivant, tems des belles rosées, sur-tout pour le chanvre femelle, qui se cueille trop tard.

Le bain de bralle exige des dépenses et des soins trop grands pour ce département où l'eau ne manque presque nulle part.

Le meilleur et le plus facile rouissage est, selon moi, celui fait à l'eau de rivière détournée de son courant, et celui à la rosée du mois de mai.

CHAPITRE 13.

DES MURIERS.

IL y a trois espèces de mûriers : les blancs, les noirs ou rouges, et l'espèce qui donne du fruit sans pepins.

4

Comme il ne s'agit que de l'économie rurale, nous ne parlerons que des mûriers propres à la nourriture des vers à soie, qui sont le blanc, dont le fruit est blanc, et le rouge, qui donne un petit fruit rouge.

Cet arbre hait le froid, aime les terres noires, douces et légères, et se plaît assez sur le bord des ruisseaux : ses racines s'enfoncent peu en terre et traînassent fort loin.

Il est le dernier des arbres à bourgeonner et quitte ses feuilles de bonne heure, ce qui l'a fait appeler *l'arbre sage.*

La Multiplication en est facile : 1.º par le moyen d'un semis de son fruit, qui ne lève pourtant qu'au bout de deux ans, quand on ne le sème qu'au printems ;

2.º Par la greffe ou l'écusson sur l'orme, le tilleul, le frêne, l'alizier, le cornier, les sauvageons de poirier et de pommier ;

3.º Par les rejettons qui poussent au pied, et que l'on peut multiplier à volonté, même en couchant en terre le corps d'un jeune arbre, sans toutefois le déraciner ;

4.º Par les marcottes ou provins que l'on fait, en mettant en terre quelques jeunes branches des arbres qui sont peu élevés de terre ;

5.º Par les boutures qui se font avec de jeunes branches que l'on coupe d'un pied et demi de long, et qui se plantent à la mi-octobre, ou, pour le plus sûr, à la fin de l'hiver.

La Taille du mûrier se fait vers la fin de juin, parce qu'il aime la grande chaleur qui le fait pousser vigoureusement. On doit avoir soin de laisser deux ou trois yeux au bas de chaque branche, et de la couper proprement sans le secours de la scie.

Cette taille, qui ne doit être faite que tous les deux à trois ans, outre qu'elle donne du bois de chauffage, procure encore l'année suivante des feuilles plus tendres qui peuvent suppléer à la pourette.

Sa Conservation exige peu de soins : 1.º le mûrier aime beaucoup les labours et le fumier.

2.º Il n'aime point être battu des vents, ni de la gaule.

3.º S'il est abattu par les vents, on peut le replanter de suite, en ayant soin de couper tout le chevelu et les racines éclatées, puis lui donner un tuteur.

4.º On arrose les jeunes plants dans les tems de sécheresse.

5.º On fait attention à ne pas cueillir les feuilles en glissant la main le long de la branche, ce que les paysans appellent *érusser*, parce que cela ébourgeonne.

CHAPITRE 14.

DES ABEILLES.

[Trois sortes de mouches composent une ruche :

La reine, qui est la seule mouche fécondante, et que l'essaim suit partout où elle va.

Les bourdons, qui sont au nombre de 5 à 600, et quelquefois mille, qui ne sortent que rarement de la ruche, ne travaillent qu'à la propagation, et que les abeilles étranglent presque tous vers le commencement de l'automne.

Les abeilles, ou travailleuses, qui ne propagent point, sont au nombre de 8 à 10 mille, suivant la grandeur de la ruche ou la force de l'essaim, et dont il meurt le tiers ou la moitié tant en automne qu'au printems.

Leur ÉTABLISSEMENT se fait dans les lieux qui sont à l'abri du septentrion et du couchant, et sur-tout dans les vallées arrosées de quelques ruisseaux et environnées de prairies.

Les montagnes couvertes de serpolet, de marjolaine, de bruyères, etc., leur sont favorables, pourvu qu'elles soient à l'abri des gros vents.

L'exposition le long des murs leur convient assez ; mais il faut que les ruches soient au moins à deux pieds de distance de la muraille, et espacées d'un pied les unes des autres.

L'abri et le voisinage des arbres leur est favorable, tant pour rompre l'effort des vents qui les incommodent, que pour arrêter les essaims.

Le meilleur établissement serait dans un roc où l'on creuserait une petite niche, que l'on fermerait d'un contrevent à gonds et verroux.

Pour leur CONSERVATION, on doit élever les ruches sur un siège quelconque et assez haut pour que les chats puissent y passer et attraper les souris qui font la guerre aux mouches depuis le mois de septembre jusqu'au mois de mai, qui est le tems qu'elles se retirent au haut de leurs ruches.

Les mulots et musaraignes mangent aussi les abeilles.

La mésange, petit oiseau qui s'introduit dans la ruche, gobe les mouches.

Les crapauds les gobent aussi.

En mettant un morceau de ferblanc troué, ou même un cerceau, à la porte de la ruche, on peut parer à cet inconvénient et à celui des guêpes et frélons qui, ne pouvant entrer en troupes, seraient étranglés au passage.

Le papillon engendre des vers qui rongent la cire et mangent le miel.

Les teignes y font de grands ravages.

Les araignées, les punaises, etc., leur sont nuisibles.

Il faut donc visiter, nétoyer souvent et tenir proprement la ruche.

En quelqu'endroit que l'on mette les ruches, on ne doit guère les éloigner de la maison, pour être à portée d'y donner ses soins et de veiller aux essaims.

L'eau courante leur convient, et l'on doit y jeter quelques branches d'arbres et des cailloux pour qu'elles s'y reposent en se désaltérant ou se baignant : à défaut d'eau courante on en met auprès des ruches dans des baquets que l'on change souvent, et dans lesquels on met aussi quelques branches de crainte qu'elles ne se noient.

Elles aiment toutes les fleurs odoriférantes, comme thym, romarin, mélisses, mélilos; le prunier, l'amandier, le pommier; les roses, les giroflées, etc.

Mais les plantes puantes leur sont contraires, comme l'oignon, l'ail, la ciguë, qui font un miel puant; l'orme, le tilleul, sur-tout le tytimale qui leur donne le flux de ventre; l'ellébore, le buis, l'if, le cornouiller les rendent malades, et donnent une mauvaise odeur à leur ouvrage.

Il serait bon de semer auprès des ruches de la bourache, de la buglose, de l'hyssope, dont la fleur dure jusqu'à la Toussaint, afin d'épargner le magasin.

Lorsque l'hiver est trop long et que la provision est consommée, on leur donne du miel et des fèves bouillies, qu'il faut couvrir d'un papier troué, afin qu'elles ne s'empâtent pas.

Leur PROPAGATION a lieu : 1.º par les essaims qu sortent dans le courant de mai et de juin;

2.º Par la conservation des mères, que l'on ne doit point détruire lorsque l'on châtre la ruche, ce qui se fait vers la mi-mars et au plus tard en septembre, afin de leur donner le tems d'amasser de nouveau.

Les ruches à hausses et celles à tiroirs sont les meilleures pour faire la taille des gâteaux, parce que l'on ne dérange ni la ruche ni les mouches. Autant qu'on le peut, il faut faire découler le miel; car celui qui est pressuré avec la cire, est moins bon.

CHAPITRE 15.

DES ANIMAUX DE BASSE-COUR.

DE la situation d'un corps de ferme dépend l'espèce de volatile domestique que l'on peut élever.

Par exemple, si on est voisin d'une mare, d'un ruisseau ou d'une rivière, on peut avoir des oies et des canards qui vont y barboter. [Voyez ce qui est dit à ce sujet tit. 2, chap. 13 et 16, art. 50 et 87.]

Mais si l'on n'est qu'en rase campagne, on doit se borner aux poules et dindons; encore l'élève de ces derniers est-elle nuisible aux toîtures des bâtimens sur lesquelles ils voltigent et se perchent.

Autant que cela est possible, la basse-cour doit être entourée de murailles où l'on enferme à volonté ces volatiles, qui grattent continuellement et font des dégâts par-tout.

Les portes et fenêtres du poulailler doivent être au levant, parce que le froid et les grandes chaleurs sont nuisibles aux volailles : il doit être bien fermé par-tout à cause des animaux nuisibles, comme la belette et les fouines, notamment d'une porte à clef afin d'éviter les vols; au bas de la porte il doit y avoir une ouverture à chute, que l'on ouvrira le matin pour la sortie des volailles, et que l'on fermera le soir après leur rentrée.

Le dedans sera garni de perches et d'échelles pour jucher la volaille, qui sans cela gagnerait la goutte et casserait ses œufs : il y aura suffisamment de paniers garnis de foin pour le dépôt des œufs et du couvain.

Il serait bon d'avoir quelques arbres plantés dans la basse-cour pour que la volaille pût s'y reposer à l'ombre, principalement des mûriers dont le fruit les nourrirait.

La loge des poules d'Inde doit être séparée du poulailler : car elles n'ont qu'un certain tems pour la ponte, qui se fait cependant deux fois par an; il n'est pas besoin de paniers pour cela, elles font leur ponte à terre; quelques perches pour les jucher l'hiver, encore préfèrent-elles coucher à l'air sur une vieille roue que l'on dresse avec un pieu fiché en terre et qui entre dans le moyeu.

Quant aux oies et canards, un petit toît, qui les garantisse des animaux qui leur font la guerre, suffit : ils ne se perchent point et pondent à terre.

Choix des Volailles.

1.º Les poules de moyenne grandeur et noires, ont la chair plus délicate et pondent davantage.

2.º Les blanches frappent l'œil des oiseaux de proie.

3.º Celles qui ont la tête grande, la crête pendante et rouge, les jambes et les pieds tirant sur le jaune et l'œil éveillé, sont bonnes et fécondes; au lieu que celles qui ont les ergots haut-montés, produisent beaucoup moins et sont sujettes à casser leurs œufs lorsqu'on les met couver, par l'impatience naturelle qu'elles ont de quitter leurs nids.

4.º Un bon coq doit avoir une taille moyenne, cependant plus grande que petite, le plumage noir ou d'un rouge obscur, le regard fier; il doit être éveillé, courageux, vigilant à chanter, ardent à caresser ses poules, à les défendre et à les solliciter à manger.

Les soins pour élever et nourrir les volailles, consistent : 1.º à leur donner à manger soir et matin à la même heure, excepté le tems de la moisson et le bat des grains, pendant lequel elles se nourrissent aux champs ou dans la basse-cour.

2.º Pour les engraisser sans qu'il en coûte beaucoup, l'on fait une *verminière*, dont voici la composition : on fait, l'été, une fosse de 3, 6 ou 12 pieds en carré et profondeur, au fond de laquelle on met un lit de paille, haut de 3 à 4 pouces, suivi d'une couche de fumier de cheval récent que l'on couvre de terreau ; on jette dessus du sang de bœuf, ou d'animaux quelconques, des eaux corrompues, de l'avoine, du son, le tout bien mêlé, et alternativement, jusqu'à ce que la fosse soit pleine : dans le milieu on met des charognes, des tripailles, etc., et des épines par-dessus. Il y naît une grande quantité de vers, que l'on donne aux volailles, en entamant la verminière par un bout ;

3.º A laisser toujours un œuf dans chaque nid pour encourager à la ponte ;

4.º A nétoyer le poulailler toutes les semaines ;

5.º A changer de paille les nids tous les 15 jours, afin d'en ôter la vermine ;

6.º A mettre, dans un coin de la basse-cour, de la poussière et de la cendre, dont les volailles se poudrent, afin de faire mourir la vermine;

7.º A ne point laisser les volailles manquer d'eau l'été;

8.º A les guérir de la pépie, en extirpant le cartillage blanchâtre qui se forme à leur langue.

Des Dindons (1).

9.º Il faut les préserver du froid qui les morfond, et de la pluie qui les fait mourir ;

---

(1) Cet animal est originaire de l'Amérique septentrionale, vers la côte du Mississipi, et non point de l'Inde, comme on l'a prétendu : au contraire, ceux que l'on y a transportés, réussissent mal.

10.º Leur donner souvent à manger et à boire, parce qu'ils sont gourmands ;

11.º On doit prendre garde à ce qu'ils ne mangent le fruit ou ne picotent la plante vivace appelée *grande-digitale* , à fleurs rouges, vulgairement connue sous le nom de *gants de Notre-Dame*, *gantée*, *gantelée*, ou *doitier* ; elle est un poison pour la volaille, sur-tout pour les dindons : elle croît dans les bois montueux (1).

Des Oies.

12.º On les plume deux fois par an : à la fin du printems et au commencement de novembre ;

13.º On doit veiller à ce qu'elles n'aillent pas dans les pièces de blés, qu'elles déracineraient, ni dans les jardins, les vignes, etc. [Voyez tit. II, chap. 13 et 16, art. 5o et 87.]

Des Canards.

14.º Quoiqu'ils vivent et se plaisent avec les oies, il ne vont point paître l'herbe, et sont toujours à barboter dans l'eau.

CHAPITRE 16.

DES ÉTANGS.

LES étangs sont de deux espèces :

Les uns ont des eaux courantes ;

Les autres, des eaux dormantes.

La nature du poisson ne peut, par conséquent, être la même, parce

---

(1) *DIGITALIS PURPUREA.* — *Caractère générique :* Calice à cinq parties inégales, corole campaniforme, limbe à quatre lobes obliques inégaux ; étamine dydiname ; rudiment d'une cinquième étamine à peine visible ; stigmates simples ou bilobés ; capsule ovale acuminée ; cloison double.

Caractère spécifique : Tige haute de 3 à 4 pieds, droite, velue, ordinairement simple ; feuilles ovales pointues, blanchâtres et cotonneuses en dessous, presque ridées, dentées en leurs bords, et rétrecies en pétioles à leur base ; fleurs grandes, de couleur purpurine, agréablement tachées ou tigrées dans leur intérieur, un peu pendantes et en épi, de la forme d'un dé à coudre.

que dans les premiers il y faut des poissons saxatiles, quand dans les seconds ce doit être des poissons visqueux.

LA PÊCHE se fait tous les trois ans, en deux saisons différentes, en février et en octobre, suivant que la position des lieux pour le débit du poisson, ou la convenance du propriétaire et du fermier le déterminent.

Le REPEUPLEMENT se fait par l'alevin que l'on jette dans l'étang ; il doit avoir trois ans faits, et être de la longueur de 6 pouces pour la carpe, 5 pour la tanche, 4 pour la perche, le tout entre œil et bat.

Le brocheton doit être de moyen échantillon, et n'être jeté dans l'étang qu'un an après les autres poissons, afin que ceux-ci profitent pendant ce tems, et ne soient pas trop exposés à la dent cruelle d'un ennemi qu'on ne leur donne que dans la crainte qu'ils ne forcent et ne peuplent.

Pour l'avantage du propriétaire et du fermier, on doit avoir une ale-vinière, afin de repeupler de suite l'étang ; ce qui, d'un autre côté, donne un profit certain par le débit qui en est assuré tous les trois ans.

On met ordinairement 12 à 15 femelles par arpent, et le quart de mâles, de 10 à 11 pouces ; mais l'on évite d'y mettre aucun brocheton.

En faisant la pêche, on doit avoir soin de détruire les grenouilles, qui mangent le frai, et d'arracher les joncs et herbes nuisibles qui forment des attérissemens ou îles flottantes, qui sont le refuge des loutres, des hérons et autres animaux mangeurs de poissons.

On doit empêcher et veiller avec soin à ce qu'aucuns bestiaux, ni cochons, ni oies et canards, n'aillent dans l'étang, parce que les volatiles rompent le frai en plongeant, qu'elles l'emportent sur leurs ailes, et vont quelquefois le déposer dans un bassin où l'on n'en a jamais mis, ce qui en explique suffisamment la cause ; les cochons mangent les œufs, et les bestiaux brouillent la vase, ce qui fait mourir le poisson.

Les chaussées, les bondes et les déchargeoirs doivent être toujours en bon état de réparations.

Pour parer à l'évènement d'une rupture, on devrait toujours avoir, en avant de la bonde, deux bons tas de terre, afin de boucher de suite les trous et filtrations. [Voyez ce qui est dit tit. 2, chap. 13.]

5

CHAPITRE 17.

DES BOIS.

S'IL est avantageux de laisser à un fermier la glandée des futaies, l'on ne doit pas lui permettre d'emporter ni de couper aucun bois mort, et encore moins le *mort-bois*, qui comprend tout les bois blancs, ni de ramasser les feuilles tombées, parce qu'elles alimentent le sol.

La coupe des futaies doit exclusivement être réservée au propriétaire.

A l'égard des taillis, la coupe ne devrait en être faite que tous les 18 ou 27 ans, au lieu de 9 à 10 ans, comme on le fait actuellement. Le produit en serait beaucoup plus grand; car un bois de neuf ans profitera autant les 4 à 5 années suivantes, qu'il aura fait pendant les 9 premières.

Mais le mal vient, d'une part, de ce que l'on veut jouir, et de l'autre, de ce que ces propriétés sont imposées et paient des contributions chaque année, ce qui épuise le propriétaire.

Il faut espérer que d'après de sages représentations le Gouvernement n'établira par la suite les contributions sur les futaies et taillis, qu'au moment de l'abattis, ce qui deviendrait la même chose pour lui, parce qu'il cumulerait les années échues.

Cependant, il est des bois plantés sur un sol peu profond, qui périraient ou ne profiteraient plus passé neuf ans, et même moins, parce que l'aliment leur manque; mais ces exceptions sont rares.

En abattant les bois, on doit avoir attention de choisir un tems vent nord-plein, parce qu'il est reconnu que ceux coupés par la neige ou par la pluie sont sujets à s'échauffer et à se pourrir : le tems de la lune n'y fait rien, comme on le prétend; mais bien l'humidité qui s'insinue dans les pores.

L'abattis doit se faire avec la cognée, et non avec la scie qui brûle, ni avec la serpe qui éclate et écuisse.

Le nombre de baliveaux prescrit doit être laissé par bouquets, dans l'endroit le mieux venant, parce qu'ils s'alignent mieux et se défendent mutuellement des coups de vent; tandis que ceux épars, livrés à leur propre force, sont souvent renversés, étendent leurs branches et détruisent le taillis qu'ils couvrent.

Un propriétaire qui donne à ferme des taillis, ne doit point permettre d'écorcer pour la tannerie, parce que le fermier tire beaucoup plus d'écorce qu'il ne devrait faire, et profite des chicots qu'il détache l'hiver de la souche, ce qui la diminue d'autant en grosseur, et par conséquent en produit.

Il ne doit pas permettre que l'on y coupe des liens pour les gerbes, parce que la masse du bois s'en trouve d'autant diminuée.

Aussitôt la coupe et l'enlèvement des bois (1), les fossés doivent être relevés, et les endroits ouverts fermés de palis.

Mais ce qui doit principalement fixer l'attention d'un propriétaire de bois, c'est la conservation et l'amélioration d'un combustible dont la rareté se fait sentir de jour en jour : cet objet est de la première importance.

Un bois planté sur un sol ou peu profond, ou dont la base est la craie, le tuf ou la marne, périt dans les années de sécheresses extraordinaires ; admettez que dans d'autres la plantation première peut avoir manqué, et qu'il y a beaucoup de clairières.

Comment réparer ce désordre fortuit, et cet inconvénient de négligence ?

On peut obliger le fermier à tout faire : il ne s'agit que de l'encourager, et de l'indemniser raisonnablement; mais il faut le surveiller, c'est le seul moyen de l'activer.

Dans toutes les landes et bruyères, sur la crête des fossés, etc, l'on trouve des plants de chênes et châtaigniers; il ne s'agit que de les lever et de les replanter dans les clairières des taillis, ayant soin les deux premières années de les sarcler et béchetter.

Une ressource plus grande encore c'est le provignement des sions ou jets de deux à trois ans, que donnent les souches, et que l'on a attention de terrasser avec le dessus de la terre voisine : les arbres fruitiers sont susceptibles de la même opération que j'ai faite moi-même.

---

(1) Le bois de chauffage doit être sorti à la Madelaine ou, au plus tard, à la fin de juillet. Ce tems passé, il doit être transporté à dos d'homme, ou de chevaux muselés.

Quant aux bois d'équarrissage, la sortie peut en être faite avec voitures jusqu'à l'époque de Noël qui suit l'abattis.

TITRE II.

INTRODUCTION.

Il ne suffit pas que l'intention du bailleur et du preneur d'un bien rural soit exprimée par écrit, pour que les clauses d'un acte aient leur exécution ; il faut encore qu'elles soient en harmonie avec les lois qui en sont la règle : autrement les conventions seraient réputées comminatoires.

Le législateur, en établissant ces règles, les a rendues compatibles avec la liberté, si chère aux Français et à tout être pensant qui a le sentiment de sa dignité ; avec les mœurs, parce que, sans elles, sans ce frein des passions, il n'y aurait que corruption ; avec la possibilité d'exécuter les conventions, parce qu'une méprise pourrait entraîner la perte de l'individu.

Ainsi il n'est pas permis d'engager sa personne, mais seulement ses services : on ne peut non plus s'obliger à exécuter une convention qui répugne aux mœurs ; parce qu'elle attenterait à l'ordre social : de même que l'on ne peut contraindre à faire ce que la force physique ne permet pas ; parce que la vie de l'individu serait compromise, et que le pacte social conserve et ne détruit pas.

L'intérêt général seul peut imposer des conditions circonstancielles qui soient en opposition avec les lois ; parce qu'il vaut mieux dévier momentanément d'un principe pour sauver la chose publique, que de l'exposer à périr.

C'est donc dans ces justes bornes qu'il faut se renfermer pour arriver au point désiré, celui de retirer un produit quelconque de ses propriétés rurales, que l'industrie agricole, d'heureuses combinaisons, une administration sage et active peuvent plus ou moins augmenter : c'est en resserrant, sans trop le gêner, l'honnête et laborieux cultivateur dans le cercle de ses devoirs ; en lui prescrivant des travaux, des améliorations qu'il n'aurait jamais faits, ni imaginé de faire ; en le dirigeant par des clauses impératives, sans le détourner des opérations principales ; en le forçant par des soins plus grands, par des essais peu dispendieux, à obtenir des récoltes plus abondantes qui assurent son bonheur et enrichissent sa patrie ; en l'assujétissant, sans l'entraver, à une surveillance continuelle qui lui fasse considérer les domaines qu'il exploite comme s'il les avait en propriété.

Mais aussi, ce colon actif, soigneux et vigilant, doit trouver dans les clauses de son bail, la certitude que ses travaux seront récompensés, et que sa famille apprendra, par l'exemple, qu'il y a une réciprocité de devoirs et de reconnaissance entre le propriétaire et le fermier, qui balance, concourt et maintient l'équilibre du bonheur des deux.

Ceci posé, on va établir les clauses essentielles d'un bail à ferme, sans entrer dans le détail minutieux des accessoires, qui dépendent toujours des circonstances et de la position respective des contractans.

On suppose donc un corps de ferme réunissant les principaux genres de productions de ce département.

Et pour faciliter l'intelligence et la recherche des clauses, on va les établir en deux colonnes, dont l'une contiendra les stipulations, et l'autre les motifs qui les auront déterminées : chaque genre de productions formera un chapitre separé

BAIL A FERME.

CLAUSES ORDINAIRES.

CLAUSES.	MOTIFS.
ARTICLE 1.er Par-devant *Pierre Bonnefoy*, notaire impérial, etc. (1).	ON conçoit bien que toutes les clauses ne sont que simulées, et ne peuvent

(1) Le bail fait par acte sous seing privé, a la même foi que celui fait devant notaire. [Code civil, art. 1322.]

La forme en est la même, excepté au commencement et à la fin, comme on le voit ci-après :

« Entre les soussignés *Honoré Blanchet*, propriétaire-rentier, demeurant ville de Tours ;

CLAUSES.

A comparu M. *Honoré Blanchet*, propriétaire-rentier, demeurant ville de Tours, etc.

Lequel a, par ces présentes, donné à titre de ferme pour le tems de trois, six ou neuf années entières et consécutives, qui commenceront à courir le jour de Noël prochain, et finiront à pareil jour, lesdites trois, six ou neuf années révolues, toutefois en s'avertissant respectivement au moins un an avant l'expiration desdites trois ou six premières années.

2. A *Silvain Léveillé*, laboureur, et à *Marie Lutin*, sa femme, qu'il autorise à l'effet du présent, demeu-

MOTIFS.

être prises à la rigueur pour tous les baux.

La durée des baux de ce département est ordinairement de neuf années; mais on a cru devoir borner celui-ci à 3, 6 ou 9 années, dans la supposition que le cas arrive.

On doit toujours faire obliger la femme, parce qu'en cas de décès de son mari, de dilapidations et de sequestres

---

» Et *Silvain Léveillé*, laboureur, et *Marie Lutin*, sa femme, qu'il autorise à l'effet du présent,
» demeurans commune de......

» Il a été fait et consenti le bail à ferme qui suit :

» Article 1.er Ledit *Honoré Blanchet* donne à titre de ferme pour le tems de .... années,
» dont la première commencera le... auxdits *Léveillé* et sa femme, ce acceptant, preneurs solidaires;

» Art. 2. Le lieu et ferme de.... situé commune de.... et consistant 1.°.....

................................,.............

..............................,............

» Fait double entre les soussignés; à.... ce....».

Mais ce bail n'a pas le même avantage que celui fait devant notaire : 1.° On ne peut stipuler d'hypothèque conventionnelle. [Art. 2127 du code civil.]

2.° Si le bail n'est pas enregistré, il n'a aucune date certaine. [Art. 1328 du même code.]

3.° Ce bail n'ayant pas de date certaine, l'acquéreur peut expulser le fermier sans indemnité. [*Ibidem*, art. 1743 et 1750.]

4.° On ne peut faire de saisies mobilières et immobilières en vertu de ce bail, sans avoir préalablement obtenu un jugement de condamnation. [Art. 551 du code de procédure.]

Quand, au contraire, le bail passé devant notaire réunit tous ces avantages, parce qu'il est authentique. [Art. 1317 du code civil.]

rans commune de. . . . ., ici présens et acceptans, preneurs solidaires.

3. Le lieu et ferme de la *Forti-
nière*, situés commune de. . . . .,
consistant : 1.º en une maison d'habitation, grange, etc.; 2.º un jardin;
3.º un arpent de verger; 4.º une
pièce d'eau empoissonnée; 5.º quatre
arpens de pré; 6.º huit arpens de
pâtureaux; 7.º douze arpens tant
de landes, de frîches que de bruyères; 8.º un arpent de marais; 9.º deux
arpens de saussaie; 10.º un arpent
d'oseraie; 11.º six arpens de taillis;
12.º trois arpens de vignes; 13.º un
arpent de chenévière; 14.º un étang.

4. Ainsi que le tout se poursuit
et comporte, que les preneurs ont
dit bien connaître, pour l'avoir vu
et examiné, et en avoir vu jouir
Laurent Carpin, fermier actuel;
sans que les bailleurs soient tenus à
perfection de mesure, soit que les
domaines se trouvent en plus grande
ou plus petite contenance, les preneurs les prenant dans l'état où ils se
trouvent, et s'en contentant; aux char-
ges, clauses et conditions suivantes :

du mobilier, ou de rénonciation faite
par elle à la communauté, on aurait
droit sur ses remplois et ses biens-propres.

La contenance n'est ici que fictive.

On ne doit jamais affirmer la contenance, à moins que l'on n'ait un plan
régulier; parce qu'il y aurait lieu à rapport en cas de déficit, suivant l'art. 1765
du code civil.

CHAPITRE 1.er

TERRES LABOURABLES.

CLAUSES.	MOTIFS.

5. Auront les preneurs la moitié dans la récolte des terres ensemencées en grands blés la présente année, prélèvement néanmoins préalablement fait des semences au profit du fermier sortant qui les a fournies; et à leur sortie les preneurs laisseront les mêmes terres ensemencées en grands blés, dans la récolte desquels ils auront également la moitié pour leur droit de colon, avec semblable prélèvement de semences.

C'est un usage assez général du département, qui facilite le fermier entrant.

6. Ils cultiveront lesdites terres en bon père de famille, les façonneront de leurs labours ordinaires, les fumeront et ensemenceront en tems et saisons convenables, sans pouvoir changer les soles, à peine de tous dépens, dommages et intérêts.

Ceci est conforme à l'art. 1728 du code civil.

On ne doit jamais souffrir qu'un fermier change les soles, et encore moins qu'il surcharge les terres de semences, c'est-à-dire, qu'il fasse plus de deux récoltes en trois ans, si les soles sont de cette période de tems, parce que cela épuise les sels végétatifs, excepté les cas déterminés au titre Ier, chap. 1.er, pages 9, 10 et 11.

7. Ils seront tenus de se fournir d'instrumens aratoires, de bestiaux en nombre suffisant pour l'exploitation des terres et la consommation des fourrages, notamment au moins deux forts bœufs, 4 chevaux de

Cette précaution est indiquée par l'art. 1766 du code civil; faute de quoi on peut demander la résiliation du bail.

On sent bien que le nombre des bestiaux n'est ici que fictif.

CLAUSES.

trait, 10 vaches et un troupeau de 150 moutons, dont deux mérinos, afin d'en propager l'espèce; et en outre de garnir la maison d'habitation de meubles suffisans, le tout pour répondre du prix de la ferme.

8. Les preneurs ensémenceront chaque année en pommes-de-terre un demi-arpent, dans les endroits les plus propres à cette culture, dont le produit sera employé à la nourriture des cochons et autres animaux de la ferme, sans pouvoir en disposer autrement.

Ils ensemenceront aussi chaque année en navets et rabes, une pareille quantité de terre, dont le produit sera employé au même usage.

9. Ils ensemenceront pareillement la présente année, dans la pièce du *Jardinet*, un demi-arpent de *disette* ou betterave sauvage, dont la graine leur sera fournie gratuitement par le bailleur, et ils auront soin de bien sarcler et béchetter cette nouvelle plante.

10. Au renouvellement de chaque printems, ils sémeront dans les terres ensemencées, au moins deux livres de graine de trefle, afin de favoriser

MOTIFS.

C'est en forçant le fermier à varier ses produits, que l'industrie agricole se développe. [*Voyez l'art. 88.*]

On ne parle point des plantes huileuses, comme le colsa, l'alpiste, l'œillette ou pavot ; non plus que de celles à teinture, comme le pastel, la gaude, la garance, etc.; ni du chardon à bonnetier : ces plantes se cultivent peu dans ce département.

La *disette* est une betterave qui vient fort grosse dans les bonnes terres : elle est sucrée et d'un bon goût. Cuite ou crue, elle peut servir à la nourriture de tous les bestiaux, même à celle des volailles. D'ailleurs un propriétaire intelligent doit, de tems à autre, faire des essais en petit.

Dans le mois d'avril un homme parcourt les sillons de blé, y jette de la graine de trefle, qui lève et fournit après la moisson un bon pacage aux bestiaux.

CLAUSES.

et rendre plus abondant le pacage des bestiaux.

11. Chaque année les preneurs tireront de la marnière, qui est sur les domaines ci-dessus, une quantité suffisante de marne, qu'ils mêleront avec du fumier, pour marner deux arpens de terre dans la pièce *des Bornais*, et ce sans rétribution ni indemnité; mais ils ne pourront en vendre à qui que ce soit.

12. Et à l'égard de la pièce de terre appelée *les Frimats*, ils l'amenderont de 5o boisseaux de falun qu'ils achèteront à leurs frais, indé-

MOTIFS.

La marne est une **terre** fossile, chaude, grasse, et approchante de la glaise, mais de différentes espèces : dans l'une domine l'argile, et dans l'autre le calcaire; elle échauffe plus que le fumier, dont la force descend, quand au contraire celle de la marne, que la pluie dissout, monte.

Elle se trouve tantôt à 2 ou 3 pieds de profondeur, tantôt à 8o, et quelquefois au-dessous du niveau de l'eau. En général la marne argileuse, qui est la plus froide, se trouve à une plus grande profondeur; et celle calcaire, qui est plus chaude, se trouve presque à la surface de la terre.

Le propriétaire qui est assez heureux d'avoir une marnière, doit défendre au fermier d'en vendre, parce qu'il l'épuiserait bientôt.

Pour l'encouragement, le propriétaire doit convenir que le marnage sera fait à moitié frais; mais il doit indiquer les terres, parce que le fermier ne marnerait que celles qui sont bonnes, ou, peut-être, celles qui n'y sont pas propres. Les terrains âpres et maigres demandent la marne où l'argile est en excès; ceux compactes, la marne où le calcaire domine.

La marne surgit et féconde les terres: le falun, qui est un sable fossile, ou un assemblage de coquilles brisées, ne donne que de l'activité à celles qui sont froides.

C L A U S E S.

pendamment des fumiers ordinaires, et ce chaque fois qu'ils l'ensemenceront en grands blés.

1 3. Sémeront chaque année les preneurs, sans rétribution, 1.º deux arpens de luzerne dans la pièce appelée *la Plaine*, à côté de celle déjà existante, en suivant la direction du nord au midi; 2.º trois arpens de trefle dans la piéce *du Parc-aux-Bœufs*; 3.º un arpent de sainfoin dans la pièce *du Tuf.*

Ils auront soin de les sarcler et ôter les herbes et plantes nuisibles à leur production; et ils ne pourront y envoyer paître les cochons.

Le produit du tout leur appartiendra.

14. Chaque année ils détruiront pareille quantité et nature de prairies artificielles, en commençant par les plus anciennes, et ensemenceront le terrain à leur profit.

M O T I F S.

Le seul moyen de suppléer au manque de foin, est celui des prairies artificielles: avec ce secours, le fermier peut avoir une plus grande quantité de bestiaux, qui, lui donnant davantage de fumier, bonifiera ses terres, et lui procurera des récoltes plus abondantes; tandis que le champ ainsi semé se repose, s'enrichit de nouveaux sels végétatifs, et devient par-là susceptible d'être ensemencé en blé plusieurs années, sans amendemens.

Si l'on souffrait que le fermier laissât paître ses cochons dans les prairies artificielles, elles seraient bientôt détruites par les fouilles qu'ils y feraient.

Ce défrîchement ne doit commencer qu'après le complément de l'ensemencement de ces prairies.

CHAPITRE 2.

CHÉNEVIÈRES.

1 5. Les preneurs, avant d'ensemencer l'arpent de terre appelé *le Chénévrail*, auront soin de lui donner au moins trois façons de labours

Cette plante demande un terrain gras et humide, et beaucoup d'amendemens chauds. L'histoire remarque comme une chose rare, que Catherine de Médicis,

CLAUSES.

en tems et saisons convenables, notamment une à la pelle-bèche; ils le fumeront de 10 charretées de fumier, et en outre ils l'amenderont de 30 boisseaux de fiente de pigeon.

Ils ne pourront, sous aucun prétexte, en changer les soles, ni y semer du blé.

16. Ne pourront les preneurs faire rouir leur chanvre soit dans l'étang, soit dans la fosse à poisson compris au présent bail, à peine de tous dépens, dommages et intérêts.

MOTIFS.

femme de Henri II, avait deux chemises de toile de chanvre; ce qui prouve que sa culture était négligée en France avant le 15.ᵉ siècle.

On ne doit y semer que des productions légères, comme pois ou vesces.

Le chanvre corrompt l'eau, et fait mourir le poisson.

CHAPITRE 3.

JARDIN, VERGER ET ARBRES A FRUIT.

17. Les preneurs cultiveront convenablement le jardin de la ferme; ils tailleront les arbres à basse tige, les espaliers, les treilles et la tonnelle du même jardin, et les entretiendront de perches, pieux et palis, qu'ils renouvelleront entièrement à neuf l'année de leur sortie, sans pour cela pouvoir prétendre à aucune indemnité.

18. Ils planteront gratuitement des *sauvageons* ou *égrasseaux* de poiriers ou de pommiers, en remplacement des arbres qui pourraient

Le jardin d'une ferme est précieux pour avoir du légume : les treilles donnent des raisins qui servent à faire du petit vin de ménage et des boissons.

Le renouvellement des perches une fois fait, ce sera un fonds d'amélioration qui passera d'un fermier à l'autre.

Une ferme bien afruitée est un trésor pour le fermier, qui en fournit sa maison et celle du propriétaire; en outre il peut en vendre, en faire cuire, en faire des

CLAUSES.

mourir dans le verger et le jardin compris au présent bail; ils les bécheront, les garniront d'épines défensives, et les enteront ou écussonneront de bons fruits de différentes espèces.

19. Ils planteront, pareillement sans rétribution, chaque année de leur jouissance, 10 noyers sur les bordures des fossés des terres, et 25 *égrasseaux* de poiriers et de pommiers sur les bordures tant des terres que des vignes; ils les bécheront, les garniront d'épines défensives, et les enteront, deux ans après, de bons fruits de différentes espèces.

20. Ils auront soin d'écheniller, au plus tard dans le courant de mars, tous les arbres fruitiers dont ils jouiront, et de les nétoyer de gui.

MOTIFS.

boissons ou du cidre, dont il retirera beaucoup d'argent les années de disette de vin.

Les noyers, outre la ressource de la récolte, produisent du bois de menuiserie, dont le débit est assuré : c'est avec le *brou* de noix, vulgairement appelé *échalin*, que l'on peut teindre le fil en noir.

La chenille dévore les feuilles, qui servent de parasol aux fruits, et fait mourir les arbres.

Le *gui* est une espèce de polypode, ou plante parasite, qui s'implante sur les branches des arbres, et les épuise : son écorce et celle du houx servent à faire la glu (1).

---

(1) Chez les Gaulois, *le gui de chêne* était sacré. Au mois de décembre, un Druide le coupait solennellement avec une faucille d'or; il le donnait ensuite aux autres *prêtres*, qui le recevaient avec respect; et au premier jour de l'an, ils le distribuaient au peuple, comme une chose sainte, en criant : *à gui l'an neuf,* pour annoncer la nouvelle année. Telle est l'origine des *étrennes* chez ces peuples, d'où descendent les Français.

Chez les Romains, l'origine des *étrennes* est différente : *Tatius,* roi des Sabins, qui régna avec *Romulus,* ayant reçu le 1.er jour de l'an (qui commençait alors au 1.er mars) de la verveine cueillie dans un bois consacré à *Strenua,* Déesse de la force, autorisa cette coutume, et fit appeler ces présens *strena.* Dans la suite, les Romains se firent réciproquement des présens de figues, de dattes, de palmier, de miel, pour témoigner à leurs amis qu'ils leur souhaitaient une vie douce et agréable. Les premiers Chrétiens désapprouvèrent cette coutume païenne, qui a, néanmoins, été conservée chez les Français.

En France, l'année commençait le jour de *Pâques;* et ce n'est qu'en 1564, que Charles IX ordonna, par un édit, qu'elle commencerait au premier janvier.

CHAPITRE 4.

PÂTUREAUX, LANDES, FRICHES ET BRUYÈRES.

CLAUSES.

21. Défricheront chaque année les preneurs un arpent de bruyères et pâtureaux, qu'ils convertiront en terres labourables, et qu'ils ensemenceront suivant les soles ordinaires des autres terres; et après la troisième année, le terrain restera à la disposition des bailleurs.

22. En faisant le défrîchement, ils ne pourront faire brûler les gazons et racines de bruyères; mais au contraire ils les enfouiront par tas à un, deux ou trois pieds, selon que la profondeur du sol le permettra, et les entre-mêleront de terre par couches, afin d'en faciliter la décomposition, qu'ils épandront par suite sur le défrîchement.

MOTIFS.

Quoique les défrîchemens ne soient pas toujours fructueux, cependant il faut les tenter pour trois raisons : la 1.re est, que le sol peut être bon; la 2.e, que s'il est de médiocre qualité, on le met en sain-foin; et la 3.e, que s'il est mauvais, on le plante en bois.

Ces plantations de bois, encouragées par la loi du 3 frimaire an 7, qui les dispense de contributions pendant un certain nombre d'années, le seront encore davantage par la suite. Le père de famille, en laissant à ses enfans une futaie, leur procure une ressource dans les évènemens malheureux. Henri IV disait à son ami qui offrait de vendre pour cent mille francs de bois, afin de terminer la guerre : *Sully, faites diligence, retournez chez vous, venez me retrouver, et n'oubliez pas vos bois de haute-futaie.*

On est dans l'usage pernicieux de faire brûler les racines, etc., ce qui les alkaline et calcine les terres : que ne brûle-t-on aussi les fumiers? le résultat serait le même. Mais on est pressé de jouir: voilà le motif.

23. Ils entoureront de fossés défensifs la pièce d'un arpent de bruyères appelée *Lalande*, et ce sans rétribution; ils ne pourront y envoyer paître aucuns bestiaux, mais au contraire ils veilleront avec soin à la conservation des plants de bois et autres arbres qui y sont actuellement et pourront croître par la suite, sans pouvoir les couper lorsqu'ils feront la coupe des bruyères, qui cependant leur appartiendront.

Les tourbillons de vent, les corbeaux, etc., transportent des glands, des noyaux et des pepins dans les landes, où ils croissent. Tous les jours on voit des bruyères entourées de fossés, qui deviennent taillis.

CHAPITRE 5.

MARAIS,

24. Les preneurs planteront chaque année, sans rétribution, 25 saules dans le marais qui touche la fosse à poisson, à la même distance que celle de la plantation déjà existante, et ils relèveront de chaque côté des arbres nouvellement plantés, les terres et vases qu'ils disposeront en talus, et ils auront soin de les préparer à devenir des *arbres-truisses,* dont ils auront les ramées (1).

De cette manière, on peut tirer avantage d'un marais, et parvenir à le dessécher par la suite.

---

(1) *Truisse* est un terme du pays. C'est un arbre que l'on émonde périodiquement.

CHAPITRE 6.

SAUSSAIE, ou *SAULAYE*.

CLAUSES.

25. Auront les preneurs les perches et ramées de la saussaie, dont la coupe sera faite tous les trois ans; à la charge par eux de remplacer, sans indemnité, les arbres qui pourraient y mourir.

MOTIFS.

La coupe des *truisses* de saule se fait tous les trois, quatre ou cinq ans, suivant que la vigueur de l'arbre le permet.

CHAPITRE 7.

OSERAIE.

26. Lors de la coupe de l'oseraie, que feront chaque année les preneurs, ils laisseront des jets qu'ils provigneront en sauterelles dans les clairières, ou pour former des plants enracinés qu'ils transplanteront ensuite dans les endroits les moins garnis, le tout sans rétribution.

27. Ils auront soin de ficher avec pieux des fascines ou fagots d'épines en nombre suffisant, à l'extrémité orientale de l'oseraie, afin de la préserver des dégradations de la rivière, et augmenter l'alluvion, sans toutefois nuire au balisage, et ce sans rétribution.

C'est des précautions que dépend souvent la conservation des terrains qui avoisinent les rivières : il faut toujours planter et faire des barrages contre le courant de l'eau, qui mine et détruit insensiblement.

Dans les Basses-Alpes, où les rivières sont des torrens lors de la fonte des neiges, on fait des paniers avec des branches de saule nouvellement coupées, de la forme à-peu-près des nasses à poisson, et d'une longueur proportionnée à la profondeur de la rivière; on remplit ces paniers de terre et de pierres, on les place à côté les uns des autres, et on les attache au fond de l'eau avec des pieux verds qui prennent racine : ils résistent aux torrens les plus rapides.

CHAPITRE 8.

BOIS TAILLIS.

CLAUSES.	MOTIFS.
28. Les preneurs auront la coupe des bois taillis, qu'ils exploiteront la neuvième et dernière année de leur jouissance seulement, si tant elle dure ; et pour cela ils seront tenus de la faire la hache en terre, et de se conformer au code forestier et à toutes les lois rendues et à rendre sur cette matière, notamment de laisser le nombre de baliveaux prescrit, et sans pouvoir abattre les anciens, lesquels sont réservés par le bailleur.	La scie est défendue ; la serpe écuisse et éclate, et ne coupe pas jusqu'à terre comme la cognée. Les baliveaux vaudraient mieux en un bouquet, qu'épars dans le taillis.
Et dans le cas où, par la volonté du bailleur ou celle des preneurs, ces derniers sortiraient avant l'expiration des neuf années, ils ne pourront rien prétendre dans ladite coupe de taillis, ni avoir droit à aucune indemnité.	Les anciens baliveaux sont une ressource pour le propriétaire, qui souvent y trouve de quoi suffire aux réparations des bâtimens.

CLAUSES.

29. En faisant la coupe des bois, les preneurs ne pourront y fabriquer de l'écorce à tannerie, à peine de tous dépens, dommages et intérêts.

30. Ne pourront les preneurs, sous aucun prétexte, se permettre de couper, ni arracher dans lesdits bois aucunes souches ni aucuns chicots morts ou vifs, à peine de tous dépens, dommages et intérêts.

31. Les preneurs cureront les fossés qui entourent les taillis, immédiatement après leur coupe, et fermeront de palis les endroits qui en auront besoin, de sorte qu'aucuns bestiaux ne puissent y entrer.

32. Excepté l'année de coupe des taillis ci-dessus, les preneurs ne pourront se permettre d'y prendre des harts ou liens de gerbes; aussi à peine de tous dépens, dommages et intérêts.

33. Planteront gratuitement chaque année les preneurs dans les clairières des taillis, de jeunes plants enracinés, qu'ils prendront dans les friches, les landes ou les bruyères, et ils auront soin de les sarcler et de les bécher au moins deux fois par an, pendant les trois premières années de la replantation.

MOTIFS.

Lorsque l'on écorce pour la tannerie, l'arbre est en sève : il reste un chicot sur la souche, qui meurt, et que les pauvres ou le fermier détachent l'hiver de cette même souche ; ce qui la diminue d'autant en grosseur, et par conséquent en produit.

Si les bestiaux broutaient le bois les 3 premières années, il deviendrait rabougri.

La plupart des fermiers se permettent de couper des jets de taillis pour lier leurs gerbes; au lieu de se servir de paille de seigle; ce qui en détériore la masse : on doit défendre, et même réprimer sévèrement cette licence.

Il arrive que des bois plantés sur un sol peu profond, ou sur le tuf, périssent les années de grande sécheresse; il faut donc les remplacer par de jeunes plants, ou provigner des jets.

CHAPITRE 9.

FUTAIES, ARBRES FORESTIERS ET AUTRES.

CLAUSES.

34. Les preneurs auront la glandée de la futaie du *Grand-Chéne* seulement, celle de tous les arbres forestiers et truisses épars sur lesdits domaines, ensemble tous les fruits agrestes des arbres qui s'y trouvent complantés, ainsi que les bruyères qui y croîtront.

35. Mais ils ne pourront envoyer paître leurs bestiaux dans ladite futaie, ni s'approprier aucun bois mort ni mort-bois, ni y ramasser les feuilles tombées.

MOTIFS.

Si l'on ne défendait de ramasser le bois-mort et le mort-bois, il pourrait arriver qu'un fermier sans probité couperait du bois vif, qu'il laisserait sécher quelque tems, pour se l'approprier ensuite : on sait que le *mort-bois* comprend tous les bois-blancs.

Les feuilles tombées fécondent le sol, et alimentent le bois.

CHAPITRE 10.

VIGNES.

36. Les preneurs tailleront les vignes qui font partie du présent bail, et ce suivant l'usage du pays, sans néanmoins pouvoir les surcharger de poussiers, verges et ergots ; ils y feront chaque année trois façons de bèche en tems et saisons convenables ; ils les échalasseront, les accolleront, et fourniront à leurs frais tous les ans un millier de charnier

Une vigne surchargée par la taille est bientôt détruite.

ou échalas par arpent pour l'entretien; ils feront tous les provins nécessaires, qu'ils terrasseront et fumeront de fumier autre que celui de la ferme, l'achat duquel ils seront tenus de justifier au bailleur.

37. Ils arracheront gratuitement, chaque année, dix perches (ou chaînées) des vignes dont ils jouissent, dans la pièce appelée *la Vieille Plante*, et ils auront les ceps; ils ensemenceront le terrain à leur profit, pour ensuite le replanter en vignes la troisième année qui suivra l'arrachis, et ce en bon plant soit de Pineau, soit de Cos, etc. (1), qu'ils tailleront et façonneront comme les autres vignes, et échalasseront à leurs frais la cinquième année.

38. Ils observeront de faire la plantation double, afin que pour les replantations successives l'on y prenne le superflu du plant enraciné.

Si l'on n'astreint pas le fermier à acheter du fumier au dehors pour les provins, il prendra celui de la basse-cour, et les terres en souffriront d'autant.

Il faut renouveler une partie des vignes chaque année, si l'on veut en avoir de bonnes, et choisir le meilleur plant.

On ne propose point l'augmentation des vignes; l'expérience nous prouve qu'il faut être riche pour en avoir. Domitien, le dernier des Césars, eut raison de défendre les nouvelles plantations, l'an 84 de J. C., ou selon Eusèbe l'an 92, car la chronologie n'est pas exacte sur cette loi.

En plantant le double de brins, l'on a l'avantage d'une pépinière de plants-chevelus qui ne coûtent rien.

---

(1) *Cos* est le nom que l'on donne dans le pays au *Gamé noir*, et que dans d'autres endroits on appelle *Saumoville*, *Chambonnat*. Sa végétation est étonnante, et surpasse celle de tous les autres plants de vignes; mais le raisin est très-susceptible de la coulure. On le cultive beaucoup sur les côteaux du Cher. Il donne un vin âpre et très-foncé, ce qui le fait rechercher des marchands, pour les mixtions.

CHAPITRE 11.

PRÉS.

CLAUSES.	MOTIFS.

39. Chaque année les preneurs arracheront les épines et autres plantes nuisibles à l'herbe, qui pourraient croître dans les prés ; ils détruiront les taupes et applaniront les taupinières, et sur la terre remuée ils sémeront de la meilleure graine de foin.

On a vu des prés déracinés en peu d'années par les taupes ; et quoique les taupinières eussent été applanies, être dépourvues d'herbe , parce que l'on avait négligé d'y semer de la graine. [Voyez, pour faire mourir les taupes, le titre I.er, chap. 8, n.º 5 *des plantes nuisibles aux bestiaux*].

40. Ils mettront et épandront chaque année à leurs frais, 5o boisseaux de suie dans les endroits des prés qui en auront besoin.

La suie détruit la mousse : de même le mâche-fer broyé fait périr les joncs qui croissent dans les prés où les eaux sourdent.

CHAPITRE 12.

PIÈCE D'EAU EMPOISSONNÉE.

41. Les preneurs pouvant pêcher à volonté le poisson de la fosse, ils seront tenus, la huitième année de leur jouissance, de curer entièrement ladite fosse, et de la repeupler de 15o carpes et 5o tanches, ayant 5 à 6 pouces entre l'œil et la queue, et ce sans rétribution.

Ces curage et repeuplement doivent se faire un an avant la sortie du fermier, afin que celui entrant profite de la croissance du poisson.

42. Ils ne pourront y envoyer aucuns canards, oies, bestiaux ni cochons dans le tems du frai, à peine de tous dépens, dommages et intérêts.

Voyez ce qui est dit, chapitre 13, art. 5o.

CLAUSES.

43. Ils planteront autour de ladite fosse, la première année de leur entrée en jouissance, des arbres saules, des peupliers français appelés bouillards, et des frênes qu'ils disposeront à devenir arbres-truisses, et dont ils auront les ramées; le tout sans rétribution.

MOTIFS.

Outre que ces plantations sont d'un produit, l'ombre des arbres est favorable au poisson pour le garantir l'été des rayons du soleil.

CHAPITRE 13.

ÉTANGS.

CLAUSES.

44. La pêche de l'étang sera faite tous les trois ans, au mois de février, à commencer de l'an 1810, et de suite il sera aleviné.

45. L'alevin consistera en carpes, tanches et brochets.

46. Il aura trois ans faits, et six pouces pour la carpe, cinq pour la tanche, quatre pour la perche, le tout entre l'œil et la fourchette.

MOTIFS.

La pêche peut aussi être faite au mois d'octobre; cela dépend de la position des lieux pour l'avantage du débit, et de la convenance du propriétaire et du fermier.

Il faut considérer si l'eau n'a pas un courant, parce que le poisson doit y être approprié : si les eaux sont dormantes, il y faut des poissons visqueux ; si au contraire elles sont courantes, il y faut des poissons saxatiles. Ainsi la qualité et la longueur du poisson doivent être déterminées suivant sa nature.

L'ordonnance des eaux et forêts établit cette dimension-là; mais les eaux de l'étang déterminent la qualité.

<table>
<tr><td>

CLAUSES.

47. Le brocheton sera de moyen échantillon, et ne pourra être jeté dans l'étang qu'un an après le repeuplement (1).

48. Les preneurs continueront d'entretenir le petit étang à peupler, ou alevinière; à cet effet ils y mettront, aussitôt la pêche faite, 200 carpes femelles et 50 mâles de 10 à 11 pouces, 100 tanches, etc.; ils ne pourront y jeter aucun brocheton ni brochet.

49. En faisant la pêche du poisson et de l'alevin, les preneurs auront attention de détruire les grenouilles.

50. Ils ne pourront envoyer dans le grand étang, ni dans la carpière ou alevinière, aucuns canards, oies, bestiaux ni cochons, soit pour s'y abreuver et nourrir, soit pour tout autre motif, à peine de tous dépens, dommages et intérêts.

</td><td>

MOTIFS.

On y met du brocheton, de crainte que l'alevin ne force et ne peuple; mais le premier ayant un an de moins, il ne détruit pas considérablement.

La quantité n'est ici que fictive.

Il faut 12 à 15 femelles et 3 à 4 mâles par arpent : chaque femelle pond un millier d'œufs.

Les *têtards* vivent de lentilles d'eau, et au bout de cent jours que se termine leur métamorphose en grenouilles, dit *Rœsel*, qui l'a observé, ils sont carnivores. On a reconnu que cet amphibie, qui mange jusqu'à des lézards, se nourrit aussi de frai.

Les oiseaux aquatiques rompent le frai en plongeant; les cochons avalent les œufs, et les bestiaux brouillent la vase, troublent l'eau, et font par-là mourir le poisson.

</td></tr>
</table>

(1) L'on doit avoir attention, lorsque l'alevin a éprouvé un transport fort long, à ne le point jeter à la main, parce qu'il serait suffoqué : il faut avoir la précaution d'étendre et submerger au bord de l'étang un lit d'herbes ou de pailles sur lequel on le met respirer; il y aspire son élément, et bientôt après s'agitant, il s'élance dans sa nouvelle demeure qu'il visite, oublie le danger qu'il a couru, mange, et reprend ses forces souvent presque anéanties.

CLAUSES.	MOTIFS.

51. Les preneurs auront soin chaque année d'arracher et enlever à leurs frais les joncs, glaïeuls, roseaux, iris jaunes, prêles et autres herbes qui pourraient former des atterrissemens connus sous le nom de *miternes*, ou îles flottantes; et de curer la poële ou espace qui touche la bonde, à chaque pêche qu'ils feront.

Ces attérissemens sont le repaire des loutres, des rats, des poules d'eau, des hérons, et d'autres oiseaux fréquentant les étangs, qui mangent le poisson.

52. Ils entretiendront aussi en bon état, à leurs frais, la chaussée de l'étang; ils répareront les brêches, s'il s'en fait ou en est fait; ils boucheront avec pieux, fascines, terres glaises et pierres, les sources et trous, à peine de tous dépens, dommages et intérêts.

La moindre négligence dans les réparations contre les filtrations, occasionne souvent la rupture de la chaussée.

53. Ils feront toutes les réparations nécessaires, et remettront au même état qu'ils l'auront trouvé à leur entrée en jouissance, les bondes, jumelles, pelle, auge, pilon, noc, grilles, chevilles et liens de fer, et généralement tout ce qui a rapport aux bondes et déchargeoirs.

Il doit être fait état des lieux par acte; autrement le preneur est présumé les avoir reçus en bon état. [Art. 1731 du code civil.]

CLAUSES.

54. Ils se conformeront, au surplus, à l'usage des lieux, pour l'écoulement journalier et périodique des eaux; même ils seront tenus d'acquitter toutes indemnités que des particuliers pourraient répéter pour cause d'inondations; le tout sans recours ni répétition contre le bailleur, et sans diminution du prix de ladite ferme.

55. Ne pourront les preneurs prétendre à aucune diminution du prix de ladite ferme, soit pour inondations, glaces, ruptures de chaussées et bondes, et généralement pour tous cas fortuits, prévus ou imprévus : clause de rigueur sans laquelle le présent bail n'eût point eu lieu, ou le prix en eût été plus élevé.

MOTIFS.

Il est des étangs où l'écoulement de l'eau est difficile lors de la pêche, ou lorsque les pluies sont abondantes; ce qui submerge les propriétés des voisins, qui ne sont pas toujours tenus de le souffrir.

Voyez art. 82.

CHAPITRE 14.

MOULIN-A-EAU.

56. Entretiendront les preneurs le moulin de tous ses ustensiles, meules, moulans, tournans et virans, et remettront le tout en bon état à leur sortie.

57. Ils cureront à leurs frais les biez et arrière-biez, toutes les fois qu'ils en auront besoin.

Il doit être fait un état des lieux. [Voyez art. 53.]

Pour ce qui est des réparations de bâtimens, voyez chap. 16, art. 81.

C L A U S E S.

58. Ils cureront pareillement à leurs frais, au moins une fois dans le cours du présent bail, le chenal de la rivière, à partir du *Pont-Volant* jusqu'audit moulin.

59. Ils entretiendront, aussi à leurs frais, les chaussées et digues de ladite rivière; ils boucheront avec des pieux, fascines et terres argileuses, les trous et filtrations qui pourraient s'y faire.

M O T I F s.

Dans la crainte de trop multiplier les articles, on ne parle point des moulins-à-nef, inventés par le fameux *Bélisaire*, lequel, par leur moyen, soutint le siège de Rome contre *Vitigès*, roi des Goths, l'an 537 de J. C.; non plus que des moulins-à-vent, inventés en Asie, et dont le modèle fut apporté en Europe du tems des *Croisades*; ni des papèteries.

CHAPITRE 15.

CLAUSES INDISPENSABLES.

60. Les récoltes de toutes espèces, les pailles, foins et autres fourrages seront resserrés dans les granges et les greniers de ladite ferme.

Article 1767 du code civil.

61. Mais les chaumes seront mis en meules ou bauges, au dehors et à une distance de trente mètres au moins des bâtimens.

Le feu du ciel, ou des malfaiteurs, pourraient incendier tous les bâtimens, sans cette utile précaution.

62. Les preneurs ne pourront vendre, ni détourner à leur profit aucuns fourrages ni engrais; mais au contraire ils seront tenus d'employer les uns à la nourriture et à la litière des bestiaux, et les autres à l'amendement des terres.

En forçant le fermier à consommer les fourrages sur les lieux, il est obligé d'avoir plus de bestiaux, qui, par conséquent, donnent plus d'engrais.

CLAUSES.

63. Ne pourront les preneurs couper par pied ni cime aucuns arbres vifs ou morts, pour s'en approprier le bois qui, au contraire, est réservé par le bailleur.

64. Les preneurs ne pourront envoyer paître leurs bestiaux dans les bois taillis, quel que soit leur âge.

65. Laisseront les preneurs à leur sortie toutes les pailles, chaumes et engrais qui se trouveront sur les lieux, et en outre au moins 50 quintaux de foin, 12 quintaux de trefle et luzerne et 4 quintaux de sain-foin, tels qu'ils les ont reçus lors de leur entrée.

66. Entretiendront les preneurs tous les domaines ci-dessus en bon état de culture, sans y commettre ni souffrir qu'il y soit commis aucunes dégradations ni usurpations; et le cas arrivant, ils seront tenus d'en avertir le bailleur dans les délais prescrits par les lois, à peine de tous dépens, dommages et intérêts.

MOTIFS.

Si l'on permettait au fermier de s'approprier les arbres morts, il serait à craindre qu'il ne se portât à faire mourir les vifs.

Jusqu'à 5 ou 6 ans les taillis sont de droit ce qu'on appelle en défends. Mais si après ce tems les bestiaux y vont, ils broutent les plants qui lèvent, ou ceux que l'on a replantés dans les clairières. [Voyez art. 33.]

On doit toujours avoir un fonds de fourrages pour la facilité du fermier entrant, ou pour soi-même si l'on se disposait à faire valoir, ou enfin pour parer à la disette.

Tel est l'esprit des art. 1735 et 1768 du code civil.

CLAUSES.

67. Avant que les preneurs entrent en jouissance, il sera fait un état des lieux, par acte notarié, à leurs frais; et à leur sortie ils rendront les bâtimens au même état où ils les auront trouvés, et ils y feront toutes les réparations locatives.

68. Ne pourront les preneurs chasser en aucun tems sur les domaines de ladite ferme, le bailleur se réservant ce droit exclusif tant pour lui que pour ses amis.

69. Seront tenus les preneurs de justifier chaque année de l'exécution et accomplissement des clauses ci-dessus, notamment de celles concernant les plantations et améliorations; sinon le bailleur est autorisé à les faire faire à leurs frais et dépens, et à les contraindre, en vertu du présent, et sur la simple représentation des mémoires et quittances des ouvriers, au remboursement desdits frais.

MOTIFS.

Cette clause est conforme aux art. 1730 et 1754 du code civil. [Voyez *motifs*, art. 52 et 53.]

On ne doit point négliger de constater le nombre et l'espèce d'arbres existans sur chaque pièce de domaine, et de spécifier leur diamètre.

La chasse est un plaisir coûteux qu'il convient peu à un cultivateur de prendre; car le moindre relâchement dans ses travaux, où dans la surveillance de ses domestiques et journaliers, lui porte un préjudice notable. D'ailleurs, un propriétaire qui veut chasser ou qui permet la chasse à ses amis, est bien aise de trouver abondamment du gibier sur ses domaines.

Si l'on ne faisait pas rigoureusement exécuter chaque année les clauses d'un bail, il pourrait en résulter qu'à son expiration le fermier négligent se trouvât dans l'impossibilité de les acquitter en argent.

CLAUSES.

70. Il est expressément convenu que toutes les clauses énoncées au présent bail sont de rigueur et non comminatoires ; car sans elles il n'eût point été consenti par le bailleur, ou le prix eût été plus considérable.

MOTIFS.

Il est essentiel d'insérer cette clause impérative.

CHAPITRE 16.

CLAUSES PARTICULIÈRES.

71. Les preneurs auront les ramées des arbres-truisses qui sont à ce destinés, et qui se trouveront complantés sur lesdits domaines, dont la coupe aura lieu tous les trois ans, sans pouvoir l'avancer ni retarder.

Il est certain que l'on épuise le corps de l'arbre, si l'on retarde de l'émonder périodiquement. La nature des arbres détermine toujours l'âge de la coupe, qui, par cette raison, varie nécessairement de 3 à 9 ans.

72. Auront les preneurs les épines des haies et buissons qui sont sur lesdits domaines ; mais ils auront attention et seront même tenus de laisser croître les plants de chêne, orme, frêne, érable et hêtre qui s'y trouvent complantés, et même de les soigner.

C'est le vrai moyen de se ménager quelques pièces de bois, soit pour le pressoir, soit pour les bâtimens, soit pour le charronnage, soit enfin pour renouveler les arbres-truisses. D'ailleurs, les feuilles des ormeaux et érables, cueillies en verd et séchées, servent l'hiver à la nourriture des cochons et des autres bestiaux.

73. Cureront gratuitement les preneurs, pendant le cours du présent bail, tous les fossés actuellement existans, et ils en transporteront les terres à l'extrémité septentrionale de la pièce *du Mortier,*

Si l'on ne prescrivait pas au fermier l'usage qu'il doit faire des terriers de ces fossés, il les laisserait sur leur crête, et rien ne profiterait de ce travail.

afin d'en hausser suffisamment le sol et de la préserver par-là de la chute des eaux des terrains voisins.

74. Ils ouvriront en outre chaque année, aussi gratuitement, cinquante mètres de nouveaux fossés autour desdits domaines, à commencer par la pièce du *Chêne-Verd*, en ayant attention de mettre les terres jectisses sur la crête du fossé et en dedans de la pièce.

75. Les preneurs cureront à leurs frais tous les ans une partie des fossés qui sont autour des vignes dont ils jouiront, de manière qu'à l'expiration des neuf années le tout soit terminé; et ils en emploieront le produit à l'usage des vignes seulement, soit pour les provins, soit pour terrasser les parties qui en auront besoin.

76. Les preneurs continueront d'ouvrir et de parfaire, la première année de leur entrée en jouissance, le fossé du clos de vignes, côté du chemin, et ils planteront sur la jetée une haie en aubépine, qu'ils auront soin de tailler chaque année et de garnir d'épines mortes, pour la garantir de l'approche des bestiaux, et ce sans rétribution.

Le rejet des terres prouve la propriété du fossé, suivant l'art. 668 du code civil.

Outre l'avantage que procurent les fossés, en retirant les eaux de la vigne, qui se plaît dans un terrain sec, ils donnent encore des terres limoneuses que charient les pluies d'hiver.

On ne doit point négliger de charger le fermier de tout ce qui tend à l'amélioration et à la conservation des vignes, que l'intempérie des saisons ruine assez tôt.

CLAUSES.

77. Seront tenus les preneurs d'avoir au moins dix ruches d'abeilles, qu'ils laisseront en bon état à leur sortie.

78. Tous les ans, pendant la durée du présent bail, les preneurs ramasseront dans le taillis *des Perruches*, au moins une toise cube de pierres, qu'ils voitureront et encaisseront dans le chemin de *la Grande-Allée*, et ce sans rétribution.

79. Ramasseront avec soin, les preneurs, les ardoises, tuiles, bardeaux et autres matériaux que le vent pourrait faire tomber des bâtimens.

80. Ils feront, sans rétribution, le charroi de tous les matériaux nécessaires aux réparations et reconstructions des bâtimens de ladite ferme, et ce dans le rayon de trois lieues au plus.

81. Ils seront tenus, sans diminution du prix de la ferme ci-après, de contribuer pour moitié à toutes les grosses et menues réparations utiles, tant des bâtimens d'habitation que de ceux d'exploitation ; renonçant à cet effet à aucune indemnité, même à la résiliation du bail, tel long que soit le tems que les ouvriers emploieront auxdites réparations.

MOTIFS.

C'est un accessoire précieux, qui ne demande que quelques soins, et facilite le fermier. [Voyez titre 1.er, chap. 14.]

Si chaque propriétaire insérait cette clause dans son bail, les chemins seraient réparés, le voyageur ne déclorrait aucun héritage pour son passage ; les récoltes ne seraient point endommagées, et les peines encourues par l'art. 41, titre 2 du code rural, n'auraient point lieu.

Par ces trois clauses, on oblige d'un côté le fermier à conserver les bâtimens, à prévenir leur chûte, et à veiller à ce que les ouvriers emploient bien leur tems ; et de l'autre, on se garantit de l'indemnité prescrite par l'art. 1724 du code civil.

Mais comme il ne s'agit ici que de moyens de conservation, et nullement d'intentions de favoriser le propriétaire au préjudice du fermier ; qu'il serait même déraisonnable de trop exiger de lui, on conçoit aisément que ces clauses ne sont applicables qu'aux bâtimens en assez bon état, et non à ceux délabrés, ou qui périssent de vétusté ; à moins que le prix du bail ne soit basé et modéré sur ces considérations.

CLAUSES.

82. Ne pourront les preneurs prétendre à aucune indemnité, ni diminution du prix du présent bail, pour cas fortuits prévus ou imprévus.

83. En cas de vente ou échange de tout ou partie des domaines ci-dessus affermés, il a été convenu que les preneurs pourront être expulsés, en les indemnisant du tiers du prix du bail, pour le tems restant à courir; et s'il ne s'agit que de partie des domaines, l'indemnité sera réglée par experts : toutefois en avertissant les preneurs une année d'avance, à compter de l'époque de Noël qui suivra lesdites vente et échange.

84. Seront tenus les preneurs d'habiter personnellement ladite ferme; ils ne pourront céder ni sous-affermer à qui que ce soit le tout ou partie desdits domaines, sans le consentement par écrit du bailleur.

85. En cas de décès du preneur, il est expressément convenu que le présent bail sera et demeurera résilié de plein droit à l'expiration de l'époque de Noël qui suivra ledit décès, sans que sa veuve, ses enfans

MOTIFS.

L'art. 1773 du code civil permet cette clause.

Cette clause dépend essentiellement des art. 1743 et 1744 du code civil, qui sont impératifs.

Si l'indemnité n'était pas fixée, et que le bail ne fût pas authentique, ou n'eût pas une date certaine, il n'est point dû d'indemnité au fermier, suivant l'art. 1750 du même code. [Voyez la note qui est au bas des pages 37 et 38.]

Un propriétaire qui a fait choix d'un bon fermier, ne doit point souffrir qu'un autre, qui aurait peut-être des vices, le remplace. L'art. 1717 du code civil permet d'interdire ce droit. [Voyez art. 89.]

Il arrive assez souvent que le fermier venant à mourir, sa veuve, inhabile à la culture, en confie le soin à des domestiques insoucians, qui négligent les terres. Il en résulte deux inconvéniens graves : le premier, que les domaines

CLAUSES.

ou héritiers puissent prétendre aucune indemnité pour raison de la cessation de jouissance du tems restant à courir; mais ils auront la récolte pendante par racines au jour du décès; ils auront aussi le droit de colon, avec prélèvement de semences, dans les terres ensemencées en grands blés, après la récolte de l'année du décès; et ce de la même manière qu'ils l'auraient en l'année de leur sortie, si le bail eût eu son entière exécution.

86. Paieront les preneurs, en sus du prix de la ferme ci-après, toutes les impositions foncières créées et établies sur lesdits domaines, et toutes celles qui pourraient être créées et établies par la suite, sous telles dénominations que ce puisse être, comme taxes extraordinaires de guerre, dons gratuits, réparations de chemins vicinaux et communaux, et généralement toutes taxes qui seraient imposées en tout ou pour partie au nom et à la charge du bailleur; dérogeant et renonçant à cet effet les preneurs au bénéfice de toutes lois et arrêtés des autorités supérieures, qui seraient contraires à la présente convention.

MOTIFS.

sont détériorés; le second, que faute de soins les produits sont moindres; ce qui met cette fermière dans l'impossibilité de payer.

D'un autre côté, si le fermier est veuf, il ne laissera peut-être que des mineurs, dont le tuteur sera ou un homme déjà trop occupé de l'agriculture qu'il pratique, ou sans moyens dans cette partie.

Enfin, les créanciers du défunt ayant droit de demander à suivre l'effet du bail, à coup sûr ils négligeront les améliorations imposées. [Voyez code civil, art. 1742.]

On a vu des taxes extraordinaires de guerre, qui frappaient sur le propriétaire, encore que le fermier fut chargé (à la vérité simplement) d'acquitter la contribution foncière, en sus du prix du bail.

Les Préfets sont même autorisés à imposer les propriétaires pour la réparation des chemins communaux.

Il faut donc une stipulation expresse.

CLAUSES.

87. Ne pourront les preneurs avoir dans ladite ferme, aucuns boucs, chèvres, ni oies, pour les faire paître sur les terres et prés, ni dans les bois.

88. Pourront les preneurs faire en petit sur lesdites terres tels essais que bon leur semblera, de plantes fourragères, charnues et filamenteuses ; mais ils ne pourront opérer en grand, sans en prévenir et avoir le consentement du bailleur.

MOTIFS.

La chèvre broute toutes les plantes, et grimpe par-tout ; les oies déracinent l'herbe des prés, et leur fiente brûle le sol, sans l'amender.

S'il est bon de permettre et même d'encourager les essais ; il faut aussi se prémunir contre les entreprises d'un fermier qui, sous ce prétexte, changerait la culture, et détériorerait les terres.

CHAPITRE 17.

BAIL A MOITIÉ FRUITS.

89. Le bail à moitié fruits ne diffère dans son régime, du bail à ferme, qu'en ce que le preneur ne peut ni sous-louer ni céder, si la faculté ne lui en a été expressément accordée par le bail.

Art. 1763 du code civil. [Voyez art. 84, chap 16.]

90. Ainsi toutes les autres clauses du bail à ferme peuvent être appliquées à celui-ci. Il ne diffère donc que de quelques clauses, dont les principales sont celles ci-après.

Voyez l'art. 99.

C L A U S E S.

91. On peut stipuler que le partage des grains aura lieu sans aucune retenue de frais de moisson, battage et vannage, ou ramassage des autres productions.

92. Après chaque vannage d'une partie de la récolte, et la part des moissonneurs prise, le blé doit être mis dans le garde-monceau, pour ensuite être partagé. D'autres ne donnent aux moissonneurs ce qui leur revient, qu'au moment du partage définitif.

93. Il doit y avoir un fonds ou souche de bestiaux.

94. Les stipulations les plus avantageuses, sont que le colon délaissera au bailleur sa part de la toison à un prix inférieur à la valeur ordinaire, et que l'on doit fixer;

Que le bailleur aura une plus grande part du profit;

Qu'il aura la moitié des laitages.

95. Mais on ne peut pas stipuler que le colon sera tenu de toute la perte.

M O T I F S.

L'usage le plus général est que le métayer fournit d'un moissonneur, et le propriétaire d'un autre, auxquels on donne le sixième ou le septième du produit brut, selon que les terres sont plus ou moins productives.

Le garde-monceau doit avoir une serrure à deux clefs, ou 2 cadenas, dont une pour le propriétaire, et l'autre pour le fermier.

Les profits sont soumis à des règles dont on ne peut s'écarter, et qui sont prescrites par le code civil, au chapitre du *cheptel.*

Art. 1828, code civil.

Ibidem.

CLAUSES.

96. Il est donc utile de faire, avant l'entrée en jouissance du preneur, l'estimation des bestiaux, de même qu'à sa sortie;

Et de stipuler que s'il en périt, le preneur sera tenu de payer soit la moitié, soit les trois quarts de la valeur, etc.

97. Et dans le cas où la perte arriverait par la faute du preneur, qu'il la supportera seul.

98. A l'égard de la tonte, elle ne peut être faite sans en prévenir le bailleur.

99. On peut encore stipuler la clause de réserve, que le bailleur aura le droit de faire paître en tout tems sur les domaines non ensemencés de la métairie, même sur ceux dont la récolte aura été faite, et sur les prés après leur fauchaison, le troupeau de. . . . . moutons qui lui appartient, tant de race du pays, que métis, mérinos et autres, et sans que les preneurs puissent se permettre de mêler leur troupeau avec celui du bailleur, à peine de tous dépens, dommages et intérêts.

MOTIFS.

Art. 1805, code civil.

Art. 1728, code civil.

Art. 1707 et 1708, code civil.

Art. 1814, code civil.

Cette clause peut aussi s'appliquer au bail à ferme.

On doit toujours craindre que les races, en se mêlant, ne se croisent.

<table>
<tr><td>

CLAUSES.

100. Ce qu'il importe le plus au propriétaire, ce sont les améliorations, dont il profite doublement par les bonifications de son domaine, et par l'abondance des récoltes de fruits qu'il partage.

</td><td>

MOTIFS.

Pour encourager le cultivateur, le propriétaire doit toujours contribuer pour moitié dans les améliorations et amendemens.

</td></tr>
</table>

CONCLUSION.

LES clauses doivent être précisées d'une manière non équivoque, et l'on doit bannir ces expressions vagues et indéterminées, que des notaires négligens ou peu instruits en agriculture emploient dans les baux qu'ils rédigent.

Tous les hommes ne sont pas nés pour administrer : le mineur ne le peut; de là vient que sans de bonnes clauses qui préviennent le mal, les propriétés rurales, confiées quelquefois à des cultivateurs sans activité ou sans probité, sont négligées; les moyens de ressource sont épuisés, et bientôt la décadence d'un domaine productif se fera sentir.

Pères de famille, voulez-vous enrichir vos enfans? Etudiez un instant le livre de la nature, cette mère nourricière qui alimente tous les arts; défrîchez et plantez; prescrivez à vos fermiers, à vos colons des améliorations utiles; encouragez-les par des récompenses distribuées à propos; faites des essais en petit, et, la sonde à la main, vérifiez, connaissez vous-même la nature du terrain, afin d'y approprier vos graines et vos plants.

Pour moi, resserré dans le cercle du programme, et borné à indiquer les principes généraux des clauses des baux, je n'ai pu me permettre d'entrer dans le détail de toutes les améliorations agricoles; en cela, semblable à un spectateur étranger, assis sur la barrière, j'encourage et j'applaudis du geste et de la voix les athlètes qui s'exercent dans l'arène. Heureux si mes observations, résultat d'une longue expérience, peuvent contribuer au bonheur de mes concitoyens!

FIN.